Peter Nowak

Kurze Geschichte der Antisemitismusdebatte in der deutschen Linken

Reihe Antifaschistische Politik [RAP]

edition assemblage

Bibliografische Information der Deutschen Bibliothek
Die Deutsche Bibliothek verzeichnet diese Publikation in der Deutschen Nationalbibliografie; detaillierte bibliographische Daten sind im Internet über http://dnb.ddb.de abrufbar.

Peter Nowak:
Kurze Geschichte der Antisemitismusdebatte in der deutschen Linken
Mit einem Interview mit Peter Ullrich
Reihe: Reihe Antifaschistische Politik [RAP], Band 4
Reflexionen, Band 1
ISBN 978-3-942885-16-4

1. Auflage, 2013

Postfach 27 46
D-48014 Münster
info@edition-assemblage.de | www.edition-assemblage.de

Mitglied der Kooperation *book:fair*
Mitglied der *assoziation Linker Verlage (aLiVe)*

Lektorat: Carina Büker, edition assemblage
Umschlag: Markus Weiß, TYPOGO, Berlin
Satz: Dario Herold, edition assemblage
Druck: CPI Clausen & Bosse, Leck
Printed in Germany 2013

Inhaltsverzeichnis

Vorwort

Über den Antisemitismus in der linken Bewegung ist in den letzten zwanzig Jahren viel geschrieben worden. Doch warum hat gerade dieses Thema eine solche Sprengkraft entwickelt, dass langjährige politische Zusammenhänge, alte politische Freundschaften und viele Wohngemeinschaften daran in die Brüche gegangen sind? Vor allem jüngere Menschen werden sich diese Frage stellen. Denn oft sind die politischen Zusammenhänge nicht mehr bekannt, die dafür sorgten, dass diese Debatte in Deutschland einen solch hohen Stellenwert bekam. Verwundert sind auch linke Aktivist_innen aus anderen Ländern, denn sie kennen eine solche Debatte nicht. Das Buch möchte eine knappe Zusammenfassung des Antisemitismusstreits in der deutschen Linken liefern und auf einige Grundlagentexte eingehen, die dabei eine zentrale Rolle spielten und viel diskutiert wurden. Damit soll Menschen, denen diese Hintergründe nicht bekannt sind, ein kurzer Überblick über die Geschichte des Antisemitismusstreits geliefert und so die Möglichkeit gegeben werden, sich eine eigene Position zu bilden. Natürlich ist die Auswahl der Dokumente und die Kommentierung subjektiv. Andere Herausgeber_innen hätten andere Texte ausgewählt. Trotzdem besteht die Hoffnung, dass das Buch für Leser_innen mit unterschiedlichen Standpunkten mit Gewinn zu lesen ist. Dass heißt gerade nicht, dass alle in dem Buch vertretenen Thesen übernommen werden sollen, sondern, dass sie auch zum Nachdenken und Streiten anregen sollen. Dann hätte das Büchlein sein Ziel erreicht.

Da es in den letzten zwanzig Jahren zahlreiche durchaus lesenswerte Texte zu der Debatte aus den verschiedensten Zusammenhängen und Regionen gab, ist es in diesem Rahmen nicht möglich, detailliert auf einzelne Stellungnahmen einzugehen. Für einen Überblick wird die Debatte in verschiedene Zeitabschnitte eingeteilt. Die Einteilung ergibt sich aus politischen Ereignissen, die für den Antisemitismusstreit von Bedeutung waren.

Vielleicht wird manche Leser_innen irritieren, dass in dem Buch auf die Dualität antideutsch versus antiimperialistisch weitgehend verzichtet wird, und stattdessen die Adjektive israelsolidarisch versus israelkritisch häufiger verwendet werden. Sie scheinen mir den Gegenstand des Buches exakter zu erfassen. Zudem sind die Begriffe antideutsch und antiimperialistisch zu Labeln mit begrenztem analytischem Wert geworden. Es wird in dem Kapitel über die Entwicklung nach 1989 gezeigt, dass bei der „Nie-wieder-Deutschland"-Bewegung die Antisemitismusdebatte nicht die primäre Rolle spielte, andererseits sich nicht alle isreaelsolidarischen Linken als Antideutsche begreifen. Genauso vage ist der Begriff des Antiimperialismus, der in den 80er Jahren eine andere politische Implikation hatte als nach 1989. Zudem war nur eine bestimmte Lesart des Antiimperialismus mit israelkritischen und propalästinensischen Positionen verknüpft. Daher wird auch dieser Begriff hier nur selten verwendet. Im Text ist häufiger vom regressiven Antizionismus die Rede. Damit ist eine Pauschalkritik an Israel gemeint, die das Land lediglich in der Rolle der Besatzungsmacht sieht und oft keine Trennschärfe zu rechter Israelkritik hat. Mit der Verwendung dieses Adjektivs grenze ich mich auch von einem in Teilen der israelsolidarischen Bewegung häufig anzutreffenden Befund ab, der jeglichen Antizionismus als regressiv verwirft. Ein solches Urteil würde meines Erachtens den völlig unterschiedlichen Formen des Antizionismus in den verschiedenen Ländern nicht gerecht, und vergisst, dass es in Geschichte und Gegenwart immer Jüdinnen und Juden gegeben hat, die sich explizit als antizionistisch verstanden haben. Ebenso spreche ich in dem Buch von einer regressiven Israelkritik, wenn das Existenzrecht des Staates bestritten oder an Israel andere Bewertungsstandards als an andere Staaten angelegt werden. Dagegen fällt eine Kritik an bestimmten Maßnahmen der israelischen Regierung nicht unter dieses Verdikt.

In dem Buch wird in der Regel als geschlechtsneutrale Schreibweise der Unterstrich _ gewählt. Darauf wird in den Fällen verzichtet, wo aus dem Kontext eindeutig ein Geschlecht gemeint war.

Vorgeschichte

In dem Buch wird die Geschichte der Antisemitismusdebatte chronologisch behandelt. Begonnen wird mit einem Rückblick auf die 80er Jahre, als eine noch wenig beachtete Debatte über linken Antisemitismus und die Haltung zum Nahostkonflikt in unterschiedlichen Spektren der Linken ohne Bezug zueinander begann. Von Beginn an war diese Debatte von großen Abwehrreaktionen begleitet. Einige der Protagonist_innen dieser Antisemitismusdebatte der 80er Jahre fanden nach 1989 mehr Zuspruch. Der Umbruch in der DDR, der bald zu einem nationalen Taumel und zu pogromartigen Angriffen auf Nichtdeutsche vor allem in Ost- aber auch in Westdeutschland führte, hatte die Herausbildung einer antideutschen Strömung zur Folge. Die Auseinandersetzung mit dem Antisemitismus spielte dort von Anfang an eine Rolle. Allerdings ging es damals primär um die Entwicklung in Deutschland. Erst während des zweiten Golfkriegs im Januar 1990 sollte sich das ändern. Die antideutsche Strömung übte heftige Kritik an der deutschen Friedensbewegung, die gegen den Angriff der USA auf den Irak auf die Straße ging, die Angriffe von Scud-Raketen aus dem Irak auf das nicht am Krieg beteiligte Israel aber weitgehend ignorierte. Diese Debatte war die erste große innerlinke Polemik um Israel. In den 90er Jahren waren es wieder mehr innerdeutsche Ereignisse, wie die Deutung der Trauer um die Toten von Dresden im Zweiten Weltkrieg, die die antideutsche Debatte prägten. Die Kluft in der außerparlamentarischen Linken vertiefte sich. Das wurde 1997 am Streit in der Redaktion der Tageszeitung *junge Welt* deutlich, der zur Gründung der Wochenzeitung *Jungle World* führte. Die unterschiedliche Sicht auf den Nahostkonflikt spielte dabei eine nicht unwesentliche Rolle. Allerdings waren die Fronten nicht immer so verhärtet, wie bei der Spaltung. Ab Mitte der 90er Jahre bekam die antideutsche Strömung Zulauf von antifaschistischen Gruppen. Vor allem in Ostdeutschland machten Antifa-Aktivist_innen zu jener Zeit oft die Erfahrung, dass sie nicht nur die Rechten gegen sich hatte, sondern oft auch die scheinbar unpolitische Bevölkerung kleiner Orte. In dem Song „*Wieder allein*“ von der damals in Antifakreisen sehr beliebten Band *Die*

Goldenen Zitronen kam die Stimmung vieler autonomer Antifas jener Jahre zum Ausdruck. In den Flugblättern und Erklärungen der antideutschen Antifaschist_innen spielte die Auseinandersetzung mit dem Antisemitismus eine zunehmend wichtige Rolle. Allerdings sahen sich die unterschiedlichen Fraktionen noch als gemeinsamer Teil einer linken Bewegung. Dass sollte sich mit den islamistischen Anschlägen im September 2001 in den USA ändern. Sie führten zu einer Neupositionierung großer Teile der antideutschen und der antifaschistischen Bewegung. Hier liegt der Beginn einer israelsolidarischen versus einer israelkritischen Strömung zunächst noch innerhalb, später auch außerhalb der außerparlamentarischen Linken. Die Positionierung zu Israel und zunehmend auch zu den USA wurde zur entscheidenden Wasserscheide zwischen den unterschiedlichen linken Fraktionen. Einige der Pioniere der antideutschen Strömung um die Zeitschrift *Bahamas* verabschiedeten sich endgültig von der linken Bewegung und näherten sich der US-Rechten an. Nach den Anschlägen in den USA begann auch außerhalb der außerparlamentarischen Linken die Positionierung zum Nahostkonflikt eine größere Rolle zu spielen. Am heftigsten wird diese Auseinandersetzung in der Linkspartei und ihren Jugendorganisationen geführt. Darauf wird in dem Buch aber nicht eingegangen. Die Frage, ob die nun mehr als zwanzig Jahre anhaltende Antisemitismusdebatte die linke Bewegung gespalten, oder nicht im Gegenteil zur Herausbildung einer emanzipatorischen Linken beigetragen hat, wird natürlich von den unterschiedlichen Protagonist_innen unterschiedlich beantwortet. Darum soll es in dem Interview mit Peter Ullrich gehen. Im 9. Kapitel wird ein Vorschlag zur Versachlichung der Antisemitismusdebatte gemacht. Das Buch endet mit einem Exkurs des in Frankreich lebenden Publizisten Bernhard Schmid zur Herausbildung einer proisraelischen Strömung in der extremen Rechten, die in letzten Jahren an Bedeutung gewonnen hat.

Gedankt werden soll an dieser Stelle Bini Adamczak, Antonin Dick, Peter Ullrich und Andre de Vos, für ihre Bereitschaft zum Korrekturlesen sowie ihre Anregungen, und Willi Bischof von edition assemblage für die gute Zusammenarbeit.

Die Antisemitismusdebatte vor 1989

Ein wichtiger theoretischer Stichwortgeber für die Antisemitismusdebatte in der westdeutschen Linken war Moishe Postone. Er hatte in den 70er Jahren an verschiedenen Hochschulen in Westeuropa studiert. Bereits als in Chicago lehrender Soziologe veröffentlichte er in der Frankfurter Studierendenzeitung *diskus*, die beanspruchte, das Erbe der Frankfurter Schule fortzusetzen, den Text „*Antisemitismus und Nationalsozialismus*". Obwohl er später als einer der Schlüsseltexte zur Erklärung des Vernichtungs-Antisemitismus des NS viel diskutiert wurde, wurde er damals wenig beachtet. Das hat mehrere Gründe. Ende der 70er Jahren hatte sich ein Großteil der vom 68er-Aufbruch beeinflussten Linken in verschiedene alternative, grüne oder bunte Projekte begeben oder ins Privatleben zurückgezogen. Die Antisemitismusdebatte spielte dort eine geringe Rolle. Das zeigte sich an der spärlichen Rezeption eines weiteren Buches, das für die Antisemitismusdebatte später eine große Rolle spielte. 1982 brachte der Berliner Kleinverlag *Olle und Wolter* erstmals in deutscher Sprache Raul Hilbergs dreibändiges Werk „*Die Vernichtung der europäischen Juden*" heraus. In den 50er und 60er Jahren hatten alle großen Verlage in Deutschland eine Übersetzung abgelehnt. *Olle und Wolter* musste kurz nach der Veröffentlichung Konkurs anmelden, weil sich das Buch kaum verkaufte. Viele der zu Grünen oder Umweltschützer_innen transformierten Ex-Linken lasen zu dieser Zeit eher ökologische Bücher, oft mit esoterischem Einschlag, als eine Geschichte der Shoah, wie die Vernichtung der europäischen Jüdinnen und Juden genannt wird. Dabei sorgte die Ausstrahlung der Filmserie „*Holocaust*" 1978 im Fernsehen in der westdeutschen Öffentlichkeit für Debatten, die auch die Verantwortung der deutschen Bevölkerung für die Ermordung der Juden thematisierten. Postone befasste sich in „*Antisemitismus und Nationalsozialismus*" mit diesen Reaktionen auch bei der Nach-68er-Linken.[1] Dort stellte er fest:

1 Die im Folgenden angeführten Zitate aus dieser Schrift stammen aus dem Buch: Redaktion Diskus: Küss den Boden der Freiheit. diskus – Texte der Neuen Linken. Berlin, Edition ID Archiv, 1992, S. 425ff.

„Das Problem des Wissens von der Nazi-Vergangenheit hat eine besondere Rolle in der deutschen Neuen Linken gespielt, die nicht unmittelbar auf der Hand liegt. Diese Vergangenheit und ihre kollektive Verdrängung waren sehr wichtige Momente in der Entstehung der Neuen Linken. Obwohl es eine Diskussion über den Nazismus und des Holocaust innerhalb der Linken gab, haben viele jüngste Gespräche in Frankfurt ein bemerkenswertes Phänomen offenbart. Während die meisten der älteren Generation der Neuen Linken sich in den sechziger Jahren intensiv mit dem Problem beschäftigt hatte, zeigte es sich, dass ein Großteil der jüngeren Generation, vielleicht die meisten, die sich 1968 und danach politisiert haben, über die Ausrottung des europäischen Judentums niemals Dokumentationen eingesehen oder sich überhaupt informiert hatten. Für diese Generation war Holocaust ein Schockerlebnis. Es war das erste Mal, dass sie konkret und hautnah mit dem Schicksal der Juden konfrontiert waren. (...)"

Als einen Grund für diese Ignoranz gegenüber der jüdischen Verfolgungsgeschichte benennt Postone die Suche der jungen Linken nach historischen Held_innen, mit denen sie sich identifizieren konnten.

„In den späten sechziger Jahren und den frühen siebziger Jahren schenkte die Neue Linke der Geschichte der Arbeiterbewegung, besonders von 1918 bis 1923 und dem Widerstand gegen die Nazis weit mehr Aufmerksamkeit als der Geschichte des Nationalsozialismus selbst", so Postone.

Das habe zur Folge gehabt, dass auch unter den meisten Linken ein Wissen über die Vernichtungspolitik des NS nicht vorhanden war. „Das Ergebnis ist, dass die Vernichtungslager entweder als bloße Beispiele imperialistischer (oder totalitärer) Massenmorde erschienen oder unerklärbar blieben".

In einem Kapitel seines Textes setzte sich Postone auch mit der Haltung der Neuen Linken zu Israel auseinander.

„Keine westliche Linke war vor 1967 so philosemitisch und prozionistisch. Vermutlich keine identifizierte sich in der Folge so stark mit der palästinensischen Sache", beschreibt Postone den mit dem Sechs-Tage-Krieg von 1967 vollzogenen Bruch vieler BRD-Linker mit Israel. Der Antizionismus wurde danach zu einem wichtigen Teil der Politik fast aller linken Strömungen, so zerstritten sie auch sonst waren. Dabei fiel Postone schon 1979 auf, dass der Zionismus in großen Teilen der westdeutschen Linken bald so negativ besetzt war, wie der Nazismus. Postone hat auch eine Erklärung für diesen westdeutschen linken Antizionismus:

„Der Kampf gegen Zionismus verwandelte sich in den langersehnten Kampf gegen die Nazi-Vergangenheit – BEFREIT VON SCHULD."

Postones Text enthält schon wesentliche Argumente, die später in der Antisemitismusdebatte der 90er Jahre eine große Rolle spielten. Tatsächlich wurden seine Texte in den 90er Jahren viel gelesen und diskutiert. Postone wurde häufig auf Kongresse eingeladen. Vor 1989 allerdings wurden seine Texte nur in kleinen Kreisen der linken Bewegung diskutiert. Diese weitgehende Ignoranz betrifft auch eine Schrift, die direkt an die in den 80er Jahren einflussreiche Antiraketenbewegung, oft verkürzt auch Friedensbewegung genannt, gerichtet war. An sie schrieb Postone 1985 einen offenen Brief, in dem er sich nicht nur enttäuscht, sondern „emotional erschüttert" zeigte, über das weitgehende Desinteresse der deutschen Antiraketenbewegung, auch ihres linken Flügels, dass in das Besuchsprogramm von US-Präsident Reagan 1985 auf Drängen von Bundeskanzler Kohl ein Soldatenfriedhof bei Bitburg aufgenommen wurde, auf dem auch SS-Angehörige begraben liegen. In der deutschen Öffentlichkeit wurde dieses Besuchsprogramm tatsächlich keineswegs als Affront angesehen. Die Antiraketenbewegung, die 1985 ihren Zenit schon überschritten hatte, mobilisierte allerdings gegen den Reagan-Besuch noch einmal Massen auf die Straße. Denn Reagan gab für sie ein ideales Feindbild ab, wie später nur noch Bush-Junior. Allerdings war die Mobilisierung gegen beide Präsidenten nicht frei von Antiamerikanismus. Gerade Reagan wurde gerne von seinen Gegner_innen als Cowboy persifliert, der kriegerisch nach Europa einreitet. Über unterschiedliche politische und wirtschaftliche Interessen des sich gerade formierenden EU-Blocks und den USA wurde dagegen wenig diskutiert. Viele linke Gruppen, die froh waren, mit der Antiraketenbewegung endlich einmal die Massen mobilisieren zu können, verzichteten auch auf komplexere Theorien und Erklärungsansätze. Das Schweigen zu den SS-Gräbern von Bitburg zeigt aber auch, wie wenig sich diese Bewegung mit deutscher Geschichte auseinander gesetzt hatte. Der offene Brief von Postone brachte das auf dem Punkt.

„Wenn Hunderttausende bereit sind, gegen den amerikanischen Imperialismus zu demonstrieren, und nur ein paar hundert gegen die Rehabilitierung der Nazivergangenheit, denke ich schon, dass der erste Anlass instrumentalisiert worden ist".

Für Postone war Bitburg ein Symbol für die Forderung auch der außerparlamentarischen Bewegung in Deutschland, einen Schlussstrich unter die NS-Vergangenheit zu ziehen.

„Dass so viele die ganze Angelegenheit offensichtlich als (...) ein Stück Show-Business ohne politische Bedeutung betrachten, bringt ein Maß an Blindheit zum Ausdruck, das nur bestätigt, wie weitgehend die fundamentale Verdrängung im Kern des nachkriegsdeutschen sozialen Bewusstseins die Gegenwart durchdrungen hat und an eine neue Generation übertragen wurde", schreibt Postone.

Eine deutschnationale Erweckungsbewegung

Obwohl die Adressat_innen des offenen Briefes von Postone, die Aktivist_innen der deutschen Antiraketenbewegung, zunächst nicht öffentlich darauf reagierten, blieb der Text durchaus nicht folgenlos. Beim linken Flügel der Antiraketenbewegung, dem *Kommunistischen Bund* (*KB*), wurde er sehr wohl diskutiert. Schließlich entstand dort vier Jahre später die antideutsche Strömung, die auch in der Antisemitismusdebatte den antizionistischen Grundkonsens der linken Bewegungen der 80er Jahre durchbrach. Postones Brief an die deutsche Antiraketenbewegung war erstmals ungekürzt 1993 in der Zeitschrift *Bahamas* abgedruckt worden, die damals eine wichtige Publikation der antideutschen Strömung war.

Neben Postone war es der Stuttgarter Sozialwissenschaftler Wolfgang Pohrt, der schon in den 80er Jahren Thesen in die Debatte warf, die erst nach 1989 breiter diskutiert wurden.

Pohrt sah in der Antiraketenbewegung vor allem eine „deutschnationale Erweckungsbewegung". Seine Artikel, die damals auch in der *taz*, vor allem aber in der Monatszeitung *konkret* veröffentlicht wurden, stießen bei vielen Aktivist_innen auf Empörung und reizten zu Aboabbestellungen. Denn viele Aktivst_innen betrachteten die Kritik als persönliche Beleidigung und besonders die Alternativbewegung in ihren unterschiedlichen Ausprägungen war schnell beleidigt. Im Zeitabstand von mehr als 25 Jahren gelesen, enthalten Pohrts Texte aber erstaunlich genaue Beobachtungen. So kritisierte er, dass sich viele Kräfte in der deutschen Friedensbewegung als Opfer der Großmächte halluzinierten, nicht selten den „atomaren Holocaust" beschworen, am „System von Jalta" rütteln und somit auch die Ergebnisse der Niederlage des NS revidieren wollten. Tatsächlich wurde gerade in der Antiraketenbewegung der 80er Jahre sehr stark die These vertreten, dass Deutschland in Ost und West besonders von einem möglichen Atomkrieg betroffen sei, und so hat Pohrt mit seiner polemischen Qualifizierung der Friedensbewegung als deutschnationale Erweckungsbewegung so unrecht nicht. Pohrt setzte sich auch schon in den 80er Jahren kritisch mit der Palästinasolidarität eines großen Teils der damaligen deutschen Linken auseinander und zog Verbindungen zur unaufgearbeiteten deutschen Geschichte. Auch damit regte er Debatten an, die nach 1989 eine zentrale Rolle spielen sollten.

Der Streit um die Israelboykottparole auf der Fassade der Hamburger Hafenstraße

Wurden die Interventionen von Postone und Pohrt nur von einen kleinen Teil der linken Bewegung überhaupt wahrgenommen und diskutiert, so sorgte eine Parole, die zum Boykott israelischer Waren und Strände aufrief, 1988 für den ersten innerlinken Antisemitismusstreit, der auch in verschiedenen linken Zeitschriften wie dem *ak* (*Arbeiterkampf*, heute *Analyse und Kritik*) und der *Graswurzelrevolution* seinen Niederschlag fand. Die ehemals besetzten und dann legalisierten Häuser hatten Ende der 80er Jahre in der außerparlamentarischen Linken eine große Symbolkraft erlangt. Wurden sie doch vor einer drohenden Räumung mehrere Tage mit Barrikaden verteidigt, bis es zwischen Politik und den Bewohner_innen zu einem Kompromiss kam. Dass die Räumung unterblieb, hatte auch viel mit innenpolitischen Faktoren in Hamburg um diese Zeit zu tun. Ein Großteil der Unterstützer_innen sah hauptsächlich in der kämpferischen Haltung und Verteidigungsbereitschaft den Grund für den Erhalt der Häuser. Manche verglichen die Situation mit anderen Aufständen weltweit. Besonders die Intifada, der Aufstand in den palästinensischen Gebieten, wurde immer wieder als Bezugspunkt herangezogen. Die Parole „Intifada überall“ war damals häufig auf Plakaten zu lesen, das Palästinensertuch war auch zu einem Ausdruck der Solidarität mit dem Aufstand der Palästinenser_innen geworden. In diesen Kontext ist auch die Boykottparole als Versuch zu verstehen, den völlig unterschiedlichen Kontext auszublenden und die Verteidigung der Hafenstraße mit den Ereignissen in Palästina kurz zu schließen.

Solidarität mit der israelischen Friedens- und Frauenbewegung, nicht mit der israelischen Regierung

Die Parole hatte folgenden Wortlaut:
„Boykottiert ‚Israel‘! Waren, Kibbuzim und Strände! Palästina – Das Volk wird dich befreien! Revolution bis zum Sieg“

Die Kontroverse zwischen den Kritiker_innen und den Befürworter_innen dieser Parole drehte sich um die Form, nicht aber um die Berechtigung einer Kritik an Israel. Der Parole wurde vor allem eine mangelnde Trennschärfe zur Naziparole „Kauf nicht bei Juden“ vorgeworfen. Hinzu kam, dass Israel in Anführungszeichen gesetzt wurde und damit als existent, aber nicht anerkennungswürdig markiert wurde. Ähnlich hatte die Springerpresse die DDR jahrzehntelang in Anführungszeichen gesetzt. Damit werde zudem ein einheitliches Israel konstruiert, in dem kein Platz für die dort lebenden Kritiker_innen der israelischen Politik ist, lautet ein weiterer Einwand gegen den

Holzhammer-Antizionismus. Das war auch ein Streitpunkt bei weniger bekannten Auseinandersetzungen, die es an den Parolen der Palästinasolidaritätsgruppen in den 80er Jahren des letzten Jahrhunderts gab. Die Kritiker_innen argumentierten nicht von der Position einer grundsätzlichen Solidarität mit der israelischen Politik, sondern der Unterstützung der israelischen Friedens- und Frauenbewegung und der israelischen Linken. Hier liegt ein wesentlicher Unterschied zur Debatte zwischen israelsolidarischen und -kritischen Positionen in der Gegenwart. Kurz gesagt könnte die Differenz so zusammengefasst werden: In den 80er Jahren argumentierten die Kritiker_innen des Vulgärantizionismus, der Israel nur als Besatzungsregime und als Kolonialstaat betrachtete, von der Position der israelischen Friedens- und Frauenbewegung aus und wandten sich gegen diese Totalkritik an Israel. Heute argumentieren viele israelkritische Gruppen von dieser Position aus, während ein Teil des israelsolidarischen Spektrums die Positionen der israelischen Opposition in unterschiedlicher Schärfe kritisiert und als gefährlich für den Bestand des Staates Israel ansieht. In den 80er Jahren wurden solche Versuche, die Positionen der israelischen Opposition in die Debatte einzubringen, dagegen oft von propalästinensischen Gruppierungen zurückgewiesen. So beschreibt Micha Brumlik eine solche Episode aus dem Jahr 1982: Auf einem Bündnistreffen zum Protest gegen den Libanonkrieg habe er den Vorschlag eingebracht, eine Solidaritätsadresse an die Aktivist_innen in Israel zu richten, die mit Massendemonstrationen gegen die Unterstützung der israelischen Politik für die libanesische Rechte protestierte. Die harsche Abfuhr sei mit der Begründung erfolgt, „man lasse sich nicht wegen einiger sogenannter progressiver Juden aus dem weltweiten Kampf gegen Rassismus und Antiimperialismus herauskapitulieren“[2], schreibt Brumlik in seinem Erinnerungsbuch *„Kein Weg als Deutscher und Jude. Eine bundesrepublikanische Erfahrung“*.

2 zitiert nach Volker Weiß: Volksklassenkampf. die antizionistische Rezeption des Nahostkonflikt in der militanten Linken der BRD. im Internet http://www.scribd.com/doc/22410869/Volker-Weiss-Antizionistische-Rezeption-des-Nahost-Konflikts, S. 234

Der libertäre Pazifist Frank Tiresias berichtet über ein Streitgespräch zur „Begrifflichkeit der deutschen Linken am Beispiel des Libanonkrieges", in dem die linke Aktivistin Brigitte Heinrich gegenüber Haim Hanegbi von der israelischen Friedensbewegung die antiisraelische Rhetorik mit der Begründung verteidigte, bei so viel Taubheit wie in der BRD müsse man „schon mal zu Übertreibungen"[3] Zuflucht nehmen. Die Diskussion drehte sich um die vor allem während des Libanonkrieges von 1983 zunehmenden Nazivergleiche der israelischen Politik, die in dieser Zeit auf Flyern und Plakaten der Palästinasolidaritätsbewegung häufig zu finden waren.

Ein in der außerparlamentarischen Linken in den späten 80er Jahren bundesweit beachteter Schritt war der Austritt des *KB* aus einem Hamburger Demobündnis zum Nahostkonflikt. Unmittelbarer Anlass war die Forderung des *KB*, dass der Bündnispartner der Palästinasolidarität die israelischen Arbeiter_innen und nicht die arabischen Regime sein müssten. Die Antwort des Demobündnisses lautete:

„Wer an eine Lösung glaubt, die an einer Beseitigung des zionistischen Regimes vorbeigeht, der irrt nicht nur, sondern verbreitet auch Illusionen über den Charakter des zionistischen Staates, nicht nur im Nahen Osten, sondern weltweit"4

Eine vorgeblich linke Palästinasolidarität, die wie heute der iranische Präsident Ahmadinejad tönt, und Kritiker_innen, die sich auf die israelische Linke bezogen, so kann sicher zugespitzt die Antisemitismusdebatte in Teilen der außerparlamentarischen Linken in der BRD um 1988 zusammengefasst werden.

Exkurs: Die Antisemitismusdebatte im Umfeld der RZ

Neben diesen kurzen Streiflichtern auf die Antisemitismusdebatte in der außerparlamentarischen Linken vor 1989 soll noch auf einen weiteren Strang der Diskussion eingegangen

3 http://www.graswurzel.net/258/israel.shtml

4 Redaktion Arbeiterkampf: Deutsche Linke zwischen Israel und Palästina, S. 10, zitiert nach Weiß Volker, s.o.

werden, die in den späten 80er Jahren vor allem in kleinen Zirkeln geführt wurde. Es ging um die Gruppen, die sich in unterschiedlicher Form auf die *Revolutionären Zellen* (*RZ*) bezogen haben. Das feministische Pendant Rote Zora hat sich nicht explizit auf die Nahostproblematik bezogen.

Volker Weiß bezeichnet in seiner Untersuchung die *Revolutionären Zellen* als die einzigen militanten Strukturen, die den Antizionismus programmatisch (Weiß, s.o. S. 232) begründeten. Aber der internationalistische Flügel der *RZ* hat sich auch praktisch am bewaffneten Kampf beteiligt. Die wohl spektakulärste Aktion war die Besetzung des *OPEC*-Gebäudes in Wien am 21.Dezember 1975. Einer der daran Beteiligten, der aus dem Frankfurter Spontimilieu stammende Hans-Joachim Klein, begründete seinen wenige Jahre später vollzogenen Ausstieg aus der militanten Struktur auch mit deren antiisraelischer Orientierung. In großen Teilen der linken Szene wurde diese Begründung als Aussteigerprosa abgetan. Erst 2002 gab die *autonome L.U.P.U.S.- Gruppe* ein Buch[5] mit einer wesentlich differenzierteren Position dazu heraus. Dort setzten sich unterschiedliche Autor_innen auch mit der Erklärung von Klein auseinander, dass die *RZ* geplant habe, die Vorsitzenden der Jüdischen Gemeinde in Berlin und Frankfurt am Main zu töten. Die *RZ* antwortete auf Kleins Ausstieg mit einer Erklärung, in der der Grund für den angeblichen Seitenwechsel Kleins bei ihm selbst vermutet wird. Das Schreiben endet mit dem Satz: „Die Hunde bellen, die Karawane zieht weiter". Auf die von Klein benannten antisemitischen Mordpläne wird nicht eingegangen. So gibt es gute Gründe, nicht auf jede Horrorstory einzugehen, meint Wolf Wetzel, einer der Autoren des Buches. Doch er ist davon nicht überzeugt:

„So kann es auch richtig sein, auf die angeblich verhinderten RZ-Pläne gar nicht einzugehen. Zweideutig wird diese Entscheidung jedoch, wenn gleichzeitig an der Person Galinski erklärt wird, dass ‚der alles andere ist, als nur jüdischer Gemeindevorsitzender', sondern ‚mitverantwortlich für die Verbrechen

5 autonome L.U.P.U.S.-Gruppe (Hg.): Die Hunde bellen ... Von A – RZ, Münster, Unrast, 2001

des Zionismus, für die Grausamkeiten der imperialistischen Armee Israels', was in der Frage mündet, ‚was man in einem Land wie dem unseren dagegen machen kann. (…) Wer diese Frage stellt und diese – in einem Land wie dem unseren – offen hält, nicht eindeutig beantwortet, der macht genau damit den angeblichen RZ-Plan wahrscheinlich, anstatt ihn für absurd zu erklären", kommentiert Wetzel [6].

Die Auseinandersetzungen, die es um die Positionen zu Israel gab, brachte die *RZ* in ihrer 1992 veröffentlichten Erklärung so auf den Punkt:

„Wir sind mittlerweile davon überzeugt, dass in Sachen Antisemitismus für uns ein immenser Nachholbedarf besteht. Dies insbesondere, weil der Antizionismus keineswegs eine beliebige Erscheinungsform des Rassismus, sondern ein spezifisches Gewaltverhältnis ist. Die Entstehungs- und Wirkungsmechanismen, die den Antisemitismus hervorgebracht haben, bestehen weiterhin. Sich von diesen Positionen nur abzugrenzen und die eigene Position als antizionistisch zu deklarieren, heißt, sich nicht mit der gesellschaftlichen Funktion des Antisemitismus auseinander zusetzen. Der linke Antizionismus ist keineswegs so unschuldig, wie er sich gibt." (Redaktionsgruppe, Früchte des Zorns).

Dass die *RZ*-Gruppe mit diesem Satz Recht behalten sollte, kann exemplarisch an zwei Beispielen aus der antizionistischen Praxis der Neuen Linken gezeigt werden, die deutlich machen, dass es tatsächlich eine Spielart des regressiven Antizionismus gab, der nach rechts anschlussfähig war. Deshalb kann die Darstellung von Klein, dass es Attentatspläne gegen die Vorsitzenden der Jüdischen Gemeinden gab, völlig unabhängig von der sonstigen Bewertung seiner Person, nicht einfach als Phantasie eines Verräters abgetan werden.

---

6 ebenda, S. 70f

Die Bombe vor dem Gemeindehaus

Denn bereits Ende der 60er Jahre verübten sich als links verstehende Antizionist_innen der kurzlebigen militanten Gruppe *Tupamaros Westberlin* einen Anschlag auf ein Jüdisches Gemeindehaus am 31. Jahrestag der Reichspogromnacht. Weil der Draht verrostet war, scheiterte die Aktion. „1969 wollten West-Berliner Linksradikale die ‚Reichskristallnacht' nachinszenieren. Bislang existierte für diese Tat kein Ort im Gedächtnis der Linken", schrieb Stefan Reinecke 2005 in der *Tageszeitung* [7]. Dort wird auch aus einem Rechtfertigungsschreiben der *Tupamaros Westberlin* zitiert. Demnach seien solche Aktionen „nicht mehr als rechtsradikale Auswüchse zu diffamieren. Aus den vom Faschismus vertriebenen Juden sind selbst Faschisten geworden, die das jüdische Volk ausradieren wollen."

Dieter Kunzelmann, der von der *Kommune 1* bis zur *Alternativen Liste* viele Stationen der undogmatischen Linken Westberlins durchlaufen hat, wurde von Reinecke mit der Aussage zitiert: „Fest steht: Palästina ist für die BRD und Europa das, was für die Amis Vietnam ist. Die Linken haben das noch nicht begriffen. Warum? Der Judenknacks."

Viele Linke konzentrieren sich bei der Debatte um den Anschlagsversuch gegen das Jüdische Gemeindehaus auf die, tatsächlich dubiose, Rolle des Verfassungsschutzes. Die Kritik an den linken Strukturen, die eine solche Aktion erst möglich machten, wurde aber vor 1989 kaum geleistet und in größeren Teilen der radikalen Linken erst durch das Buch „*Wir sind die Guten, Antisemitismus in der radikalen Linken*"[8] bekannt gemacht. Der Historiker Wolfgang Kraushaar hat mit seinem Buch „*Die Bombe im jüdischen Gemeindehaus*" dann eine bundesweite Diskussion ausgelöst. Auch da gab es in der radikalen Linken noch Stimmen, die vor allem die politische Intention von Kraushaar kritisierten. Doch völlig unabhängig davon stellt sich die Frage, warum die ganze Zeit über keine politische Auf-

---

7 http://www.taz.de/1/archiv/archiv/?dig=2005/07/01/a0162

8 Bischof, Willi; Neidhardt, Iris: Wir sind die Guten, Antisemitismus in der radikalen Linken, Münster Unrast, 2000

arbeitung dieses Beispiels eines regressiven Antizionismus aus der radikalen Linken erfolgt ist.

Eine weitere Aktion, bei der heute niemand mehr auf den Gedanken kommen würde, sie komme aus sich als links verstehenden Kreisen, ereignete sich ebenfalls in Westberlin im Sommer 1982. *Die Zeit* schrieb darüber unter dem Untertitel: *„Ein ‚linker' Streit und seine schlimmen Folgen"*.[9]

„Als Johann Legner, Redakteur der Tageszeitung zu Hause war, nahmen sich die 15 bis 20 Leute von den selbsternannten ‚Antifaschistischen Aktionsgruppen' seine Wohnung vor. Sie warfen die Scheiben ein und schonten dabei auch das Fensterglas einer Nachbarin nicht. Im Hausflur sprühten sie Parolen an die Wand: ‚Beim nächste Mal schlagen wir dir die Fresse ein.' ‚Liebe Hausbewohner, hier lebt ein Zionisten- und Faschistenschwein unter Ihnen, schmeißt ihn raus.'"

Legner hatte in einem Artikel in der *Tageszeitung* die zunehmenden Nazivergleiche kritisiert, mit denen während des Libanonkrieges die israelische Politik bedacht worden war. Gegen den Angriff auf den Journalisten wandten sich auch erklärte Kritiker_innen der israelischen Politik wie der Schriftsteller Erich Fried. Doch eine zentrale Debatte über innerlinken Antisemitismus blieb damals aus. Ein Teil der radikalen Linken sah auch hier Renegaten am Werk, schließlich war ein Journalist der *Tageszeitung* betroffen, die für einen Teil der radikalen Linken schnell vom Pfad der Revolution abgekommen war.

Solche Argumentationsmuster fanden sich vor 1989 häufig, wenn über regressiven Antizionismus und die Verbindung zum Antisemitismus in Teilen der Linken die Rede war. Die Kritiker_innen wurden als Reformist_innen und Staatsschutzlinke beschimpft und für nicht diskussionswürdig erklärt. Doch im Abstand von einigen Jahrzehnten müsste die Frage lauten: Warum war es in den Medien der radikalen Linken damals kaum möglich, diese Debatte zu führen? Wie hätte beispielsweise der im vorigen Kapitel erwähnte Hans-Joachim Klein Anschlagspläne gegen den jüdischen Gemeindevorsitzenden von Frankfurt offenlegen können, ohne aus den militanten Strukturen

---

9 http://www.zeit.de/1982/33/die-taz-auf-abwegen

auszusteigen? Oder war diese Offenlegung nur möglich, wenn er aussteigt? Das wären die interessanten Fragen, statt über Verrat zu lamentieren. In der *RZ* wurde erst Ende der 80er Jahre eine solche Debatte möglich, der Text „*Gerd Albartus ist tot*"[10], den die *RZ* 1991 veröffentlichte, ist dafür ein Beispiel.

Der traurige Anlass wird gleich am Beginn des Textes geschildert. Gerd Albartus wurde bereits im Dezember 1987 erschossen, nachdem er von einer Gruppierung, die sich dem palästinensischen Widerstand zurechnet und für die er gearbeitet hat, vor ein Tribunal gestellt und zum Tode verurteilt worden war. Dort setzten sich die Autor_innen auch mit militanten Aktionen gegen Israel auseinander, an der *RZ*-Mitglieder beteiligt waren. Deshalb kann der Text als ein wichtiges Beispiel für eine Antisemitismusdebatte in einer militanten linken Struktur gelten.

Die unbekannten Verfasser_innen setzten sich auch mit Einwänden auseinander, die Veröffentlichung des Textes könnte den Staat und dessen ideologischen Staatsapparaten in die Hände spielen. Dazu gibt es klare Worte:

„Die berechtigte Sorge, der falschen Seite in die Hände zu arbeiten, darf nicht zum bequemen Freibrief werden, jeglichen Dreck unter den Teppich zu kehren. Sie war schon zu oft bloßer Vorwand, um das eigene Schweigen zu legitimieren. Vielleicht müssen wir umdenken, müssen lernen, dass Schwindel und Selbsttäuschung weit mehr zu unserem Scheitern beitragen, als die offen geführte Kontroverse um unsere internen Widersprüche, selbst auf die Gefahr hin, dass der Gegner sich dies zunutze macht."

Für viel Aufmerksamkeit sorgte auch die kritische Aufarbeitung der Beteiligung von *RZ*-Mitgliedern an militanten antiisraelischen Aktionen. Es ging um eine Flugzeugentführung Ende 1976, die so beschrieben wurde: Damals hatte ein vierköpfiges Kommando, dem neben zwei Palästinensern auch zwei Mitglieder der *RZ*, Brigitte Kuhlmann und Wilfried „Bonni" Böse angehörten, einen Airbus der Air France in seine Gewalt gebracht und die Freilassung von mehr als fünfzig Genossen gefordert, die zum überwiegenden Teil in israelischen und

10 http://www.freilassung.de/div/texte/rz/zorn/Zorn04.htm

westdeutschen Knästen gefangen gehalten wurden. An Bord der Maschine, die in Tel Aviv gestartet und auf dem Flug nach Paris in Athen zwischengelandet war, bevor sie von dort aus nach Entebbe umdirigiert wurde, befanden sich über 250 Passagiere, unter ihnen etwa hundert israelische Staatsbürger_innen oder Jüdinnen und Juden anderer Nationalität. Sie wurden durch die Kommando-Mitglieder von den übrigen Passagieren getrennt. Nachdem die nicht- jüdischen Passagiere innerhalb weniger Tage freigelassen worden waren, verlängerte das Kommando sein Ultimatum, um weitere Verhandlungen zu ermöglichen.

Der Kern der Selbstkritik lautete:

„Unter dem Eindruck des Verlustes der Freunde waren wir zunächst unfähig, die politische Dimension der Katastrophe zu ermessen, die Entebbe für uns bedeutete. Anstatt wahrzunehmen, was uns vorgehalten wurde, nämlich dass wir als Organisation an einer Operation teilhatten, in deren Verlauf israelische Staatsbürger und jüdische Passagiere anderer Nationalität ausgesondert und als Geisel genommen worden waren, beschäftigten wir uns vor allem mit dem militärischen Aspekt der Aktion und ihrer gewaltsamen Beendigung. (…) Die Meldung, es sei ausgesondert worden, hielten wir ebenso für ein Produkt psychologischer Kriegsführung wie die Behauptung, dass sich die deutschen Mitglieder des Kommandos dabei besonders hervorgetan haben. Wir kannten Brigitte und Bonni als Antifaschisten und wussten um ihre Motive, sich an der Aktion zu beteiligen. Unser Begriff von Solidarität verbot Kritik an den Genoss_innen; eine Diskussion über Fehler wehrten wir ab, als ob Solidarität nicht prinzipiell das Richtige umfasst, dass einzelne Genoss_innen Fehler machen.“

Auch das folgende Kapitel soll dokumentiert werden, weil es ein Höhepunkt der Antisemitismuskritik in der radikalen Linken war:

„Entebbe war kein Einzelfall, wohl aber der Kulminationspunkt einer Entwicklung, in deren Verlauf wir uns mehr und mehr von dem entfernt hatten, wofür wir mal angetreten waren. Vergessen waren die Sätze, die Ulrike Meinhof knapp zehn

Jahre zuvor aus Anlass des Sechs-Tages-Krieges geschrieben hatte: ‚Es gibt für die europäische Linke keinen Grund, ihre Solidarität mit den Verfolgten aufzugeben, sie reicht in die Gegenwart hinein und schließt den Staat Israel mit ein.' Der schwarze September der Palästinenser, die israelischen Luftangriffe auf die Flüchtlingslager, das Massenelend in den besetzten Gebieten, das Regime des Schreckens, das die Besatzungsmacht dort ausübte, die Berichte aus den israelischen Gefängnissen waren uns Grund genug und zugleich Vorwand, unser Wissen über Auschwitz in den Hintergrund zu drängen. Wir machten uns die Losungen des palästinensischen Befreiungskampfes zu eigen und setzten uns darüber hinweg, dass unsere Geschichte eine vorbehaltlose Parteinahme ausschloss. Wir interpretierten den Konflikt mit den Kategorien eines an Vietnam geschulten Antiimperialismus, mit denen er nicht zu ermessen war. Wir sahen Israel nicht mehr aus der Perspektive des nazistischen Vernichtungsprogramms, sondern nur noch aus dem Blickwinkel seiner Siedlungsgeschichte: Israel galt uns als Agent und Vorposten des westlichen Imperialismus mitten in der arabischen Welt, nicht aber als Ort der Zuflucht für die Überlebenden und Davongekommenen, der eine Notwendigkeit ist, solange eine neuerliche Massenvernichtung als Möglichkeit von niemandem ausgeschlossen werden kann, solange also der Antisemitismus als historisches und soziales Faktum fortlebt. Die dramatische Tatsache, dass dieses Sicherheitsbedürfnis der Juden scheinbar nur gegen die Palästinenser zu realisieren ist, stürzte uns nicht in ein unlösbares Dilemma, wir nahmen sie vielmehr zum Anlass, uns bedingungslos auf die Seite derer zu schlagen, die in unseren Augen die Schwächeren waren. Wo wir unter anderen Voraussetzungen auf der Unterscheidung zwischen oben und unten beharrten, sahen wir im Nahen Osten vor allem gute und schlechte Völker."

Dieser Text aber war eine wichtige Orientierung in der Antisemitismusdebatte der frühen 90er Jahre. Um die soll es in den folgenden Kapiteln gehen.

Deutschland denken heißt Auschwitz denken – die Antisemitismusdebatte nach 1989

Mit dem Zusammenbruch der DDR war für Deutschlands Politiker_innen und einen Großteil der Bewohner_innen die Nachkriegszeit endgültig zu Ende. Für einen kleinen Teil der außerparlamentarischen Linken war diese Entwicklung Anlass, sich verstärkt mit der deutschen Geschichte zu beschäftigen und von politischen Konzepten zu verabschieden, die sich unkritisch auf den vermeintlich progressiven Kampf für die Rechte der Völker oder der „kleinen Leute" beriefen. Die Kampagne „*Nie-wieder-Deutschland*", die sich im Herbst 1989 formierte, hatte den Anspruch, den Fokus auf die Opfer Deutschlands zu legen.

Damit begann auch eine intensivere Beschäftigung mit dem Vernichtungsantisemitismus im Nationalsozialismus. Allerdings ging es in der Frühphase der Antisemitismusdebatte nach 1989 vor allem um eine Kritik am bisherigen Umgang der linken Bewegung mit der Shoah. Im Rahmen dieser Debatte wurden die im vorigen Kapitel erwähnten Schriften von Moishe Postone, Wolfgang Pohrt und anderen Intellektuellen verstärkt rezipiert, die in den 80er und 90er Jahren nur wenige Diskussionen ausgelöst hatten. Ein Teil der Nie-wieder-Deutschland-Bewegung machte sich die Hauptkritik dieser Autoren zu eigen. Die linke Bewegung habe den Charakter des eliminatorischen Antisemitismus nicht erfasst, eine mindestens verkürzte Faschismustheorie habe das aktive und passive Mitmachen großer Teile der deutschen Bevölkerung im NS-System ignoriert. Die Shoah sei ohne die aktive und passive Unterstützung von großen Teilen der Bevölkerung in Deutschland nicht möglich gewesen, so die Kritiker_innen aus der Nie-wieder-Deutschland-Bewegung. In diesem losen Bündnis war der Teil des *Kommunistischen Bundes* (*KB*) vertreten, der schon, wie im vorigen Kapitel erwähnt, zu den Kritiker_innen der Israel-Boykott-Parolen an den Wänden der Hamburger Hafenstraße gehört hatte und der ein propalästinensisches Demobündnis verlassen hatte, weil dieses sich nicht auf Solidarität mit der israelischen Linken verständigen wollte. Sie intensivierten nach dem Umbruch in der DDR ihre schon in den Vorjahren geübte Kritik an Volkstümelei, Unterschätzung des eliminatorischen deutschen Antisemitismus und einer regressiven Israelkritik. Der Umbruch vom Herbst 1989 führte dazu, dass Linke, die vorher in unterschiedlichen politischen Lagern standen, sich von dem „Nie-wieder-Deutschland"-Ansatz angesprochen fühlten.

Ab Herbst 1989 breitete sich, vor allem in Ost-, aber auch in Westdeutschland eine nationalistische Stimmung aus, die sich im Schwenken von Deutschland-Fahnen, der Teilnahme diverser Neonazigruppen an den Großdemonstrationen für ein einheitliches Deutschland, aber zunehmend auch in Angriffen auf Flüchtlinge, Unangepasste und Minderheiten aller Art ausdrückte. Pogromartige Angriffe auf Flüchtlingsheime in Rostock-Lichtenhagen, Mannheim-Schönau und Hoyerswerda waren die ersten Höhepunkte dieses neuen deutschen Nationalismus. In dem Buch „*Kaltland*"[11] wird die heute gern vergessene Stimmung jener Monate präzise beschrieben. Die nationalistische Welle ging auch mit offenen Antisemitismus einher, der sich in der Beschädigung jüdischer Friedhöfe ebenso ausdrückte, wie auch in der antisemitisch konnotierten Darstellung des *PDS*-Politikers Gregor Gysi im Wochenmagazin *Spiegel* (3/1990) als Drahtzieher, Trickser und „Advokat mit den Winkelzügen".

Die Nie-Wieder-Deutschland-Bewegung antwortete auf diese Stimmung mit einer Demonstration in Berlin am 3. November 1990, die das Motto trug: „Der Tod ist ein Meister aus Deutschland". Diese Zeile stammt aus dem Gedicht „*Todesfuge*" des Schriftstellers Paul Celan, das die Shoah zum Thema hat. Mit dem Motto wird auch die Rolle der Antisemitismusdebatte in der jungen Bewegung markiert. Die Todesfabrik Auschwitz wurde zum Ausgangspunkt dieser Strömung. Dieser Ansatz wurde auch in den folgenden Jahren theoretisch unterfüttert. Am Anfang aber stand die Erkenntnis „Deutschland denken heißt Auschwitz denken".

---

11 Krampitz, Karsten; Liske, Markus; Präkels, Manja (Hrsg.): Kaltland. Eine Sammlung, Berlin, Rotbuch, 2011

Damit einher ging eine Hinwendung zu Literatur, die sich schon in der Vergangenheit mit der Shoah und den Voraussetzungen des deutschen Antisemitismus auseinandergesetzt hatte, aber wenig beachtet und diskutiert worden waren. Dazu zählten die schon erwähnten Autoren Wolfgang Pohrt und Moishe Postone ebenso wie Raul Hilberg und Autoren der Frankfurter Schule. Dieser Fokus auf die deutsche Geschichte prägte die Antisemitismusdebatte in den 90er Jahren des letzten Jahrhunderts. Dazu einige historische Stichworte.

Der Streit um die neue Wache

Der Streit um die Ausgestaltung der Neuen Wache in Berlin war 1993 ein wichtiger Teil der Antisemitismusdebatte. Vor allem an der von Bundeskanzler Helmut Kohl favorisierten geplanten Inschrift „Den Opfern von Krieg und Gewaltherrschaft" entzündete sich eine heftige Kritik, die darin eine Gleichsetzung von Opfern und Täter_innen sah. Der Kreis der Kritiker_innen ging weit über die Nie-wieder-Deutschland-Strömung hinaus, erfasste auch Teile des liberalen Feuilletons und die junge Antifabewegung. Sie kreierten die Parole „Deutsche Täter sind keine Opfer", die sich in den folgenden Jahren sowohl gegen Aufmärsche nazistischer Gruppierungen als auch gegen eine staatliche Gedenkpolitik richtete, die die Besonderheit der Shoah verdeckte. In der Rückschau betrachtet stand schon der von Bundeskanzler Kohl geplante Reagan-Besuch von Bitburg ganz in der Tradition einer Schlussstrichpolitik, die in der Parole an der Neuen Wache auf den Punkt gebracht wurde. Während aber Bitburg in der damaligen westdeutschen Linken kaum beachtet wurde, löste die Umgestaltung der Neuen Wache eine lange Diskussion aus. Daran zeigt sich, wie sich innerhalb von wenigen Jahren die Grundlagen der Antisemitismusdebatte verändert hatten.

Goldhagen und der eliminatorische Antisemitismus

Dass nicht nur kleine politische Gruppen darüber diskutierten, zeigte sich in der Goldhagen-Debatte. Sie wurde 1996 durch das Buch *„Hitlers willige Vollstrecker"* des US- Politikwissenschaftlers Daniel Goldhagen ausgelöst, das bald auch ins Deutsche übersetzt worden war. Seine Forschungsergebnisse deckten sich weitgehend mit den Thesen, die ausgehend von der Nie-wieder-Deutschland-Kampagne auch von einem Teil der linken Strömungen in Deutschland diskutiert wurde. Es seien ganz „normale Deutsche" gewesen, die zu Hunderttausenden aus Überzeugung Jüdinnen und Juden ermordeten, weil sie als Antisemit_innen von der Richtigkeit und Notwendigkeit ihres Tuns durchdrungen waren. Damit löste Goldhagen bei einen Großteil der deutschen Historiker_innen und Medien heftigen Widerspruch aus.

Allerdings hatte Goldhagen auch in der Wissenschaftszunft Verteidiger. Dazu gehörte der Berliner Historiker Wolfgang Wippermann. Von den Resten der Nie-wieder-Deutschland-Bewegung wurden die Thesen Goldhagens vor allem gegen die übrigen linken Strömungen in Stellung gebracht. So schrieb Matthias Küntzel, der vom *KB* zur Nie-wieder-Deutschland-Strömung gestoßen war, einen Text, der hier ausführlich dokumentiert werden soll, weil er einen guten Einblick in die damalige Antisemitismusdebatte aus Sicht eines wichtigen Exponenten gibt.

„Der Streit um Goldhagens Studie hat erst begonnen. Die marxistische und nichtmarxistische Linke hat ein Dutzend neuer Stellungnahmen publiziert. Mit welchem Ergebnis? Hat sie sich in 'die Volksgemeinschaft der Gekränkten und Beleidigten' (Pätzold) eingereiht? Wird die Auseinandersetzung mit dem Inhalt der Studie produktiv, also selbstkritisch geführt? Welche Bedeutung hat im Land der Mörder das Schweigen? Welche Fragen werden nicht gestellt? Für das Selbstverständnis der deutschen Linken ist Goldhagens Buch eine dreifache Provokation. Erstens durch seine Existenz. Was Goldhagen über die Verbrechen der gewöhnlichen Deutschen präsentiert, hätte man längst wissen können, wenn man es im Land der Richter und Henker hätte wissen wollen. Dennoch hat sich an die Täterakten, die seit 30 Jahren hierzulande herumliegen, weder ein Ost- noch ein Westhistoriker herangetraut. Warum? Götz Aly ist der erste und bisher einzige, der sich zu dieser Frage geäußert hat. Über die Gräueltaten der gewöhnlichen deutschen Vollstrecker hat Aly, der renommierteste Holocaust-Forscher der westdeutschen Linken, nicht schreiben, sondern nur schweigen können: 'Mich machen die Dokumente sprachlos.' Ganz bewusst hat Aly für seine Forschung einen Zugang gewählt, der sich auf die Strukturen des Dritten Reiches konzentriert: 'Subjektiv verschafft ein solcher Zugang Distanz, erlaubt beim Aktenstudium all das zu überblättern oder doch nur höchst selektiv zu lesen, was in dem Buch 'Hitlers willige Vollstrecker' ausgebreitet ist. Das geschieht – jedenfalls bei mir – nicht etwa aus Gründen der 'Seriosität', sondern aus Selbstschutz.' (Mittelweg 6/96) Hier ist die spezifische Befangenheit der deutschen Holocaust-Forschung auf den Punkt gebracht: Zum Erkenntniswunsch kommt die Erkenntnisscheu. Man will über den Holocaust forschen, aber nicht vorbehaltlos. Aus Gründen des Selbstschutzes fühlt der Forscher sich genötigt, den Holocaust unter einem Blickwinkel zu betrachten, der es ihm erlaubt, 'all das zu überblättern', was Goldhagen beschreibt: Das ebenso bestialische wie reale Verhalten der eigenen Elterngeneration.

Die Wahl seines Untersuchungsgegenstandes ist Goldhagens zweite Provokation. Er hat nicht irgendwelche Fabelwesen der dritten Art portraitiert, sondern die Eltern oder Großeltern der deutschen Linken, die in der Regel am Holocaust schuldig sind: durch Tatschuld oder Unterlassungsschuld, durch Redeschuld oder Schweigeschuld. Eine persönliche Verstrickung mit Folgen: Hunderttausendfach hat die deutsche Linke das entlastende Argument, wonach den Vollstreckern der Befehl zum Judenmord hätte 'aufgebürdet' werden müssen, für bare Münze genommen und nachgeplappert. Die einfache Erkenntnis, dass die Ermordung der Juden nur möglich war, weil die Deutschen die Vernichtungsjagd auf die Juden gewünscht hatten, während der Widerspruch dagegen marginal geblieben ist – diese Erkenntnis wurde von der deutschen Linken nicht einmal als These formuliert. Anstatt aber diese Fehlleistung 'nach Goldhagen' einzugestehen, wird sie in den Publikationen der Linken zumeist noch überboten. Etwa, wenn die anarchistische *graswurzelrevolution* und die trotzkistische *inprekorr*, denen der Terminus 'die Deutschen' partout nicht über die Lippen gehen will, weiter von 'den Nazis' schreiben. Oder wenn der Münchener Gegenstandpunkt nicht deutsche Subjekte, sondern 'den deutschen Nationalismus', oder 'die deutsche Nation' für den Mord an den Juden verantwortlich machen will. Oder wenn schließlich das Blättchen '*avanti*' 'nicht 'ganz normale Deutsche', sondern 'ganz normale Menschen' zur den Urhebern des Holocaust erklärt, um ausgerechnet am Beispiel der britischen Kampfflieger, 'die Bomben auf Zivilisten in Dresden und anderswo abwarfen' zu beweisen, 'dass, wenn immer ein Regime einen Massenmord plante, niemals ein Mangel an Gehilfen bestand.'

Als einziger hat Tjark Kunstreich in der Zeitschrift '*links*' die hier zum Ausdruck kommende Verdrängung erwähnt. Während Goldhagen die Interpretation des Nationalsozialismus 'wieder vom Kopf auf die Füße gestellt' habe, 'weil er die Vernichtung wieder zum Ausgangspunkt der Auseinandersetzung macht', habe sich die deutsche Linke mit ihrem 'beinahe zwanghaften Ökonomismus' darum bemüht, den Holocaust vom Nationalsozialismus abzutrennen, was, so Kunstreich, 'überhaupt erst jene Objektivierung möglich (macht)', die den deutschen Diskurs bestimmt. 'Objektivierung und Verwissenschaftlichung' dienten hierzulande aber nicht dem realen Erkenntnisinteresse, sondern der Entlastung: 'Je tiefer die Verstrickung, desto stärker der Wunsch nach Objektivität.'

Goldhagens dritte Provokation ist sein Erklärungsansatz. Die Erklärungsmuster der deutschen Linken haben stets dazu tendiert, den Holocaust als die Begleiterscheinung eines sozialen Interesses zu interpretierten, um ihn so in den Kontext imperialistischer Normalität einzuordnen. Dies gilt für die Texte von Pätzold und Kühnl ebenso wie für die Texte von Heim/Aly und Enderwitz. Ihnen allen hat Goldhagen auf der Basis unwiderlegbarer Zeugnisse über das deutsche Mörderkollektiv widersprochen. Goldhagen erklärt die Bestialität der gewöhnlichen Deutschen nicht mit sozialen Interessen, sondern mit der

Vorherrschaft der antisemitischen Ideologie, die in Deutschland sich besonders radikal entwickelt habe."[12]

Hier wird sehr deutlich, dass es bei der Antisemitismusdebatte noch Mitte der 90er Jahre vorrangig um die Bewertung der deutschen Geschichte ging. Der Nahostkonflikt und die Bewertung der israelischen Politik darin spielten hingegen eine untergeordnete Rolle, was sich aber später ändern sollte.

In dem von Autor_innen der Nie-wieder-Deutschland-Strömung verfassten Buch „*Goldhagen und die deutsche Linke*" wurde die These vertreten, dass sich an der Positionierung zu den Goldhagen-Thesen messen lässt, wie die Linke nicht nur zur deutschen Vergangenheit steht, sondern auch, wie und ob sie sich mit dem deutschen Antisemitismus auseinandergesetzt hat. Allerdings wurde auch bei den Befürworter_innen oft übersehen, dass Goldhagen, anders als die Nie-wieder-Deutschland-Bewegung, seine Thesen ausdrücklich nur auf das Deutschland vor 1945 bezog. Im Spätherbst 1996 ebbte die Goldhagen-Debatte nicht nur in den Feuilletons, sondern auch in der deutschlandkritischen Linken ab. Zahlreiche ihrer Protagonist_innen positionierten sich auch in der Bubis-Walser-Debatte.

Einer, der von Auschwitz nichts mehr hören wollte

Ihr Ausgangspunkt war die Rede des Schriftstellers Martin Walser am 11. Oktober 1998 in der Frankfurter Paulskirche anlässlich der Verleihung des deutschen Friedenspreises. Walser hatte sich in den 70er Jahren für kurze Zeit im Umfeld der *DKP* positioniert, aber bald mit deutschnationalen Äußerungen seine Distanz zu diesem Milieu markiert.

Der Kern seiner Paulskirchenrede lässt sich in den Sätzen zusammenfassen:

„Kein ernstzunehmender Mensch leugnet Auschwitz; kein noch zurechnungsfähiger Mensch deutelt an der Grauenhaf-

12 http://www.matthiaskuentzel.de/contents/goldhagen-und-die-gewoehnliche-deutsche-linke.

tigkeit von Auschwitz herum; wenn mir aber jeden Tag in den Medien diese Vergangenheit vorgehalten wird, merke ich, daß sich in mir etwas gegen diese Dauerpräsentation unserer Schande wehrt.

Anstatt dankbar zu sein für die unaufhörliche Präsentation unserer Schande, fange ich an wegzuschauen. Wenn ich merke, daß sich in mir etwas dagegen wehrt, versuche ich, die Vorhaltung unserer Schande auf Motive hin abzuhören und bin fast froh, wenn ich glaube, entdecken zu können, daß öfter nicht mehr das Gedenken, das Nichtvergessendürfen das Motiv ist, sondern die Instrumentalisierung unserer Schande zu gegenwärtigen Zwecken"

„Auschwitz eignet sich nicht dafür, Drohroutine zu werden, jederzeit einsetzbares Einschüchterungsmittel oder Moralkeule oder auch nur Pflichtübung. Was durch Ritualisierung zustande kommt, ist von der Qualität eines Lippengebets.

Aber in welchen Verdacht gerät man, wenn man sagt, die Deutschen seien jetzt ein ganz normales Volk, eine ganz gewöhnliche Gesellschaft", fragte Walser rhetorisch. Diese Sätze lesen sich sicher nicht zufällig wie eine Antwort der deutschen Mehrheitsgesellschaft auf Goldhagen. Sie will von Auschwitz höchstens noch am Gedenktag am 27. Januar sprechen, aber sonst davon nichts mehr hören.

Die Walser-Rede wurde zum Gegenstand der Antisemitismusdebatte vor allem, nachdem der damalige Vorsitzende des *Zentralrats der Juden in Deutschland*, Ignaz Bubis, Walser geantwortet hat. In seiner Rede zum Gedenken an die Reichspogromnacht am 9. November 1998 klassifizierte er Walsers Rede als den Versuch, „Geschichte zu verdrängen beziehungsweise die Erinnerung auszulöschen". Darauf schlug Bubis ein kaum kaschierter Antisemitismus aus der Mitte der Gesellschaft entgegen. So erklärte Rudolf Augstein im *Spiegel*, ein Missbrauch von Auschwitz sei im Zusammenhang mit den hohen Entschädigungsforderungen ehemaliger jüdischer NS-Zwangsarbeiter an die deutsche Industrie festzustellen. Außerdem dürfe sich Deutschland nicht länger von außen vorschreiben lassen, wie es zu gedenken habe. Entsprechend lehnte der *Spiegel*-Herausgeber das geplante Holocaust-Mahnmal ab: In der typisch rechten

Diktion sah er dieses „Schandmal" „gegen die Hauptstadt und das in Berlin sich neu formierende Deutschland" gerichtet. Wenn Augstein schließlich schreibt:

„Man wird es aber nicht wagen, so sehr die Muskeln auch schwellen, mit Rücksicht auf die New Yorker Presse und die Haifische im Anwaltsgewand, die Mitte Berlins freizuhalten von solch einer Monstrosität", verwendete er gleich mehrere antisemitische Stereotypen in einem Satz. Die Wirkung der Erklärung von Augstein wurde durch ein Missverständnis noch vergrößert. Viele verbinden mit dem Blatt einen linksliberalen Journalismus und eine Opposition gegen die Rechten um Franz Josef Strauß in der *Spiegel*-Affäre. Wenige wissen, dass der *Spiegel* in den 50er Jahren auch ein Sammelbecken vieler alter Nazis war, die dort auch weiter kräftig ihre Lesart der Geschichte beispielsweise zum Reichstagsbrand verbreiteten, wie der ehemalige *Spiegel*-Journalist Otto Köhler herausarbeitete[13]. Spätestens mit dem Eingreifen von Augstein wurde die Walser-Bubis-Auseinandersetzung Gegenstand der Antisemitismusdebatte. Anders als bei der Goldhagen-Debatte ging es hier um die Abwehr einer Schlussstrichmentalität aus der Mitte der Gesellschaft. Die folgenden Diskussionen um den Bau des Holocaust-Mahnmals schlossen unmittelbar an. Ein anderes wichtiges Politikfeld, das noch heute nicht abgeschlossen ist, war der Kampf um Entschädigung für ehemalige Zwangsarbeiter_innen und andere NS-Opfer.

IG-Farben auflösen

Exemplarisch soll hier auf die Kampagne zur Auflösung des IG-Farben-Konzern hingewiesen werden. Der Konzern hat früh mit dem NS-Regime zusammengearbeitet und hatte sogar im Konzentrationslager Auschwitz ein Werk, in dem die Arbeitskraft der Häftlinge vernutzt wurde. Die Alliierten ordneten nach Kriegsende eine Auflösung der IG-Farben an. Dieser Beschluss wurde im Zuge des kalten Krieges über Jahrzehnte verschleppt.

13 http://www.deutscher-nationalismus.de/germany/spiegel/augstein.htm

Die alljährlichen Aktionärsversammlungen der IG-Farben sorgten ab Ende der 90er Jahre für bundesweit wahrnehmbare Proteste. Sie reichten über einem Zeitraum von mehreren Jahren. Daran beteiligt waren NS-Widerstandskämpfer_innen wie Peter Gingold ebenso wie Aktivist_innen der Nie-wieder-Deutschland-Strömung und junge Antifaschist_innen. Sie hatten sich in einem *„bundesweiten Bündnis gegen IG-Farben“* lose zusammengefunden. Man kann sagen, dass es sich hier um ein Praxisfeld handelte, auf dem historische Gründer_innen der Nie-wieder-Deutschland-Bewegung mit jungen Aktivist_innen aus der Antifabewegung zusammenarbeiteten. Diese Kooperation war schon vorher, beispielsweise bei der Kampagne *„Keine Träne für Dresden“*, zum fünfzigsten Jahrestag der Bombardierung Dresdens, in Ansätzen vorhanden. Es handelte sich aber in der Regel um sehr kurzfristige Aktionsbündnisse mit vielen Konflikten zwischen den Jungantifas und den Altlinken. Das Bündnis zur Auflösung der IG-Farben hingegen hatte nicht nur über mehre Jahre Bestand, hier konsultierte sich auch eine enge Kooperation, ja teilweise eine Verschmelzung der noch aktiven Träger_innen der Nie-wieder-Deutschland-Bewegung mit der Antifabewegung. Sie sollte nach 2001 zur Herausbildung der israelsolidarischen Strömung führen, die im nächsten Kapitel behandelt wird. Anders als das häufig noch immer verwendete Label antideutsch suggeriert, handelt es sich dabei keineswegs einfach um die bruchlose Fortsetzung dieser Strömung. Richtig ist allerdings, dass es die israelsolidarische Strömung ohne die Nie-wieder-Deutschland-Kampagne so nicht geben würde. Machte bis Ende der 90er Jahre die deutsche Geschichtspolitik und der Umgang damit in der Gegenwart den Kern der Antisemitismusdebatte aus, so rückte bald die Positionierung zum Nahostkonflikt in den Mittelpunkt.

Dresden gleich Bagdad – der zweite Golfkrieg

„Das Ergebnis bleibt dasselbe: Antiimperialismus und Antifaschismus sind fortan unvereinbar, die deutsche Linke wird sich in Zukunft zwischen den Polen regierungsberatender Tätigkeit bzw. nationalrevolutionärer Volkszornlenkung entscheiden müssen. Die Linke ist tot und mit ihr ihre Krise".

Diese fast prophetischen Sätze standen in der 1991 erschienenen zweiten Ausgabe der Hamburger Zeitschrift *17 Grad Celsius (17°)*, einer bald eingestellten Publikation, die heute nur noch wenigen bekannt ist. Die Zeilen machen klar, dass es vor zwanzig Jahren schon für kurze Zeit einen Antisemitismusstreit gab, der sich auch um eine Positionierung zu Israel drehte und nicht mehr nur, wie im vorigen Kapitel beschrieben, um die deutsche Geschichtspolitik. Dieser Umschlag fand mit dem zweiten Golfkrieg im Winter 1990 statt. Diese Nummerierung wird unter Historiker_innen vorgenommen, weil ein Waffengang zwischen dem Irak und dem Iran in den 80er Jahren als erster Golfkrieg bezeichnet wird. Der zweite Golfkrieg wurde durch die Besetzung Kuwaits durch die irakische Armee im August 1990 ausgelöst. Nachdem verschiedene nichtmilitärische Druckmittel, die vom UN-Sicherheitsrat legitimiert wurden, keinen Erfolg zeitigten, erfolgte der Angriff einer Kriegsallianz am 15. Januar 1991. Das in Bedrängnis geratene Baath-Regime unter Saddam Hussein versuchte die arabische Straße hinter sich zu bringen, indem es Scud-Raketen auf israelisches Territorium schoss. Israel war weder Teil der Kriegskoalition noch durfte es auf Druck der USA auf die Angriffe reagieren, denn die im Kriegsbündnis involvierten reaktionären arabischen Regime wie Saudi-Arabien sollten nicht verärgert werden. In diesen Staaten diente das Feindbild Israel zur Herrschaftssicherung. Eine direkte Kooperation mit Israel im Krieg gegen den Irak wollten diese Regime also vermeiden.

„Die 39 irakischen Scud-Raketen richteten in Haifa und Tel Aviv großen Schaden an. Im Gebiet von Tel Aviv wurden etwa 3300 Wohnhäuser und andere Gebäude beschädigt. 1150 Personen mussten evakuiert und in Hotels untergebracht werden – eine Maßnahme, die pro Nacht 20000 Dollar kostete.

Neben den unmittelbaren Kosten durch die ständige militärische Einsatzbereitschaft und den Sachschäden erlitt die israelische Wirtschaft Einbußen, weil viele Israelis wegen des Ausnahmezustands nicht zur Arbeit gehen konnten. Die Betriebe arbeiteten während des Krieges nur mit 75 Prozent ihrer normalen Kapazität, was einen Gesamtverlust von 3,2 Milliarden Dollar bedeutete. (...) Durch die Einschläge der Scud-Raketen starben insgesamt 74 Personen; zwei kamen bei den Angriffen selbst ums Leben, vier erstickten in den Gasmasken, die übrigen starben an Herzanfällen."[14]

Neben diesen materiellen Schäden und Verlusten an Menschenleben erlebten viele Israelis diese Tage als traumatisch. In den palästinensischen Gebieten wurden dagegen Freudendemonstrationen organisiert und Pro-Saddam-Hussein-Slogans skandiert, wenn Scud-Raketen auf israelischem Territorium einschlugen. Da es anfangs völlig unklar war, welche militärischen Mittel das irakische Regime gegen Israel noch einsetzen würde, suchten viele Israelis in abgedichteten Kellern Schutz. Aus vielen Ländern in aller Welt besuchten Menschen Israel, um sich mit den Bewohner_innen solidarisch zu zeigen. Doch in großen Teilen der Antikriegsbewegung in Deutschland, die wenige Wochen vor dem Kriegsbeginn entstanden war und sich zunächst rasant verbreitete, war die Bedrohung Israels kein Thema. Hieran entzündete sich eine erste große innerlinke Kontroverse, bei der sich ein Teil der Linken aus der Nie-wieder-Deutschland-Bewegung eindeutig auf Seiten Israels positionierte. Man könnte sagen, dass hier der Beginn der israelsolidarischen Bewegung in der deutschen Linken nach 1989 liegt. Dabei ging es aber nicht um eine Beurteilung der israelischen Politik, sondern um die Solidarität mit einem angegriffenen Land. Es ging zudem um einen Widerspruch gegen eine deutsche Linke, die sich mehrheitlich hinter die Aktionen der Friedensbewegung gestellt hatte. Anders als 1985, als der Großteil der Friedensbewegten die Proteste der jüdischen Linken gegen die SS-Rehabilitierung in Bitburg ignorierte, gab es allerdings 1991 eine heftige Debatte. Das ist vor allem der

---

14 http://www.jewishvirtuallibrary.org/jsource/German/Golfkrieg.html

in Hamburg erscheinenden Monatszeitung *konkret* zu verdanken, die seit 1989 eine wesentliche Rolle in der „Nie-wieder-Deutschland-Bewegung" gespielt hat.

Die Rolle der Monatszeitschrift *konkret*

Anders als heute vielfach kolportiert, war *konkret* auch zu diesem Zeitpunkt nie eine Zeitschrift, in der nur Befürworter_innen des Krieges gegen den Irak zu Wort kamen. Dieser Eindruck wird heute sogar irrtümlich von Autor_innen verbreitet, die damals der Nie-wieder-Deutschland-Bewegung nahestanden. So schreibt der Politikwissenschaftler Patrick Hagen in seiner Magisterarbeit *„Die Antideutschen und die Debatte der Linken über Israel"*[15]:

„Um die Zeitschrift ‚Konkret', die bei den Aktivitäten gegen die Wiedervereinigung und innerhalb der ‚Radikalen Linken' eine wichtige Rolle gespielt hat, sammelten sich Befürworter_innen des Krieges gegen den Irak, die ihre Position mit der Bedrohung Israels begründeten. Dass Saddam Hussein Israel mit deutscher Giftgas-Technologie bedrohte, nahmen sie als eine Verlängerung deutscher Geschichte wahr. In ‚Konkret' war es vor allem Wolfgang Pohrt, der schon in den Achtzigerjahren ein exponierter Kritiker von Nationalismus und Antisemitismus in der deutschen Friedensbewegung war, der die Antikriegsbewegung am schärfsten kritisierte: ‚Man fasst es einfach nicht, dass in Israel Auschwitzüberlebende mit der Gasmaske nachts unter Sirenenalarm in den Schutzraum flüchten müssen, während die Kinder und Enkel der Massenmörder von einst hier gemütlich über das Verhältnis von erster und vierter Welt räsonieren oder sich fröhlich auf der Bonner Hofgartenwiese tummeln und nicht die Verteidigung der Bedrohten, sondern Frieden mit einem Aggressor fordern.' Eine Neuauflage der Friedensbewegung bedeute für ihn, dass ‚die hiesige Linke im weitesten und im engen Sinn wirklich für alle Zeiten moralisch erledigt ist'. Auch Eike Geisel kritisierte die Friedensbewegung

15 http://www.trend.infopartisan.net/trd0405/t030405.html

in ‚Konkret' auf das Schärfste, indem er darauf hinwies, dass diese die Bedrohung, die von irakischem Giftgas für Israel ausgehe, nicht wahrnehme. ‚Bei den ersten Demonstrationen gegen den Golfkrieg kam das Wort Gas nicht vor und erst recht nicht, wen es bedroht.'

Auch ‚Konkret'-Herausgeber Gremliza befürwortete, wenn auch etwas zögerlicher, diesen Krieg: Er war der Überzeugung, ‚dass hier einmal aus falschen Gründen und mit falschen Begründungen das Richtige getan zu werden scheint [...] Dass Menschen sterben müssen, damit andere leben können; [...] dass daran mit Appellen zu Gewaltlosigkeit so wenig zu ändern ist wie mit klugscheißerischen Ratschlägen an die Insassen von Schutzräumen; dass also das Schreckliche, das jetzt geschieht, das jetzt Richtige ist [...].' Seiner Ansicht nach handelte es sich zwar um einen imperialistischen Krieg, der aber durch diesen Umstand alleine nicht ausreichend charakterisiert sei, da es sich auch um einen Krieg gegen die irakische Diktatur und für Israel handelte. Auch er zog Parallelen zur Befreiung Deutschlands durch die Alliierten.

Die Positionen von Pohrt und Gremliza sorgten in der antinationalen Linken für erbitterte Debatten über den Krieg und Israel."

Allerdings publizierten zur gleichen Zeit Autor_innen in *konkret,* die gegen einen positiven Bezug auf den Golfkrieg eintraten, so der Marburger Politologe Georg Fülberth oder Ingrid Strobl. Die damals in der linken Feminismusbewegung einflussreiche Autorin beschrieb Israel einerseits als kolonialen Vorposten im Nahen Osten, andererseits als Zufluchtsort vieler Shoah-Überlebender. Dass heute in der linken Geschichtsschreibung solche Stimmen weitgehend unterschlagen werden, scheint ein Bedürfnis nach klaren Frontverläufen und Identitäten zu bedienen. Weil nach 2001 in vielen Publikationen der israelsolidarischen oder -kritischen Bewegung kaum noch abweichenden Standpunkte zu finden waren, wird dieser Zustand einfach vorverlegt. So kann man sich umso leichter eine Auseinandersetzung mit den Argumenten sparen. Tatsächlich führte die Tatsache, dass in *konkret* auch Befürworter_innen des Krieges gegen den Irak zu Wort kamen, zu Abonnementkündigungen und zu empörten Leser_innenbriefen. Vielleicht soll die nachträgliche Zuschreibung, *konkret* sei ein Medium des Krieges geworden, die damalige Haltung rechtfertigen. Denn eigentlich leistete *konkret* in diesen Monaten etwas, was der Zeitschrift bei Leser_innen mit kritischen Anspruch Anerkennung einbringen müsste: Dort wurde die erste bundesweite Antisemitismusdebatte außerhalb kleiner linker Zirkel geführt. Zudem wurden dabei Argumente, die in den 80er Jahren schon geäußert, aber weitgehend ignoriert worden waren, angeführt und damit nachträglich noch Teil einer größeren Debatte. Das Unverständnis, das der *konkret*-Redaktion damals von einem Teil der deutschen Linken entgegenschlug, weil sie die Diskussion angestoßen hatte, zeigt deutlich, wie nötig sie war. Zu dieser Erkenntnis trugen viele Aktionen der deutschen Friedensbewegung bei. So wurde bei vielen Aktionen um den 13. Februar 1991 Parallelen zwischen den alliierten Bombenangriffen auf Dresden 1945 und den Luftangriffen auf Bagdad gezogen und mit Parolen wie „Bagdad – das Dresden von heute" mobilisiert. Heute findet man im Internet solche Stichpunkte auf Webseiten von Rechtsaußenpublikationen. Vor 21 Jahren aber wurde als „Antideutscher" beschimpft, wer Kritik an solchen Parolen äußerte. So ist es eigentlich nicht verwunderlich, dass angesichts eines solchen politischen Klimas die so geschmähten „Antideutschen" Zulauf bekamen. Da brauchte man sich nur die Frage zu stellen, warum Linke in Deutschland gegen den Golfkrieg protestieren sollten, wenn Bagdad tatsächlich ein Remake von Dresden gewesen sein sollte.

Radiobesetzung gegen regressiven Antizionismus

Während hier die deutsche Erinnerungspolitik im Mittelpunkt stand, gab es in der Universitätsstadt Freiburg die erste Radiobesetzung aus Protest gegen eine regressive Israelkritik. Es handelte sich um den von dem Anti-AKW-Widerstand und den neuen sozialen Bewegungen getragenen Sender *Radio Dreyecksland.* Mit der mehrtägigen Besetzung protestierten Hörer_innen gegen das Gespräch mit einem Wissenschaftler, der in seinen Schriften die israelische Politik mit Nazivergleichen belegt hatte. Die Besetzer_innen erklärten damals, dass sich eine Kritik an Israel von Parolen der Nazis klar unterscheiden müsse. Die Aktion sorgte über Freiburg hinaus für großes Aufsehen. Erstmals wurde eine Antisemitismusdebatte im linken Milieu angestoßen, in der alle Elemente auftauchten, die auch in den folgenden Jahren immer wieder zu finden waren. Es ging um die Frage, wann Israelkritik in Antisemitismus kippt und erstmals wurde auch gegen einen regressiven Antizionismus argumentiert. Allerdings gab es damals im israelsolidarischen Spektrum noch keine Totalablehnung des Antizionismus.

Exkurs: Die Antisemitismusdebatte und die DDR

Nur ein kurzes Kapitel soll auf die Diskussion um den Stellenwert von Antisemitismus in der DDR hinweisen. Auf die vielfältige und sehr kontroverse Literatur zu dem Thema kann hier aus Platzgründen nicht eingegangen werden. Es soll hier um einige Grundlagen der Debatte gehen. Dass es in der DDR Antisemitismus gegeben hat, dürfte unbestritten sein. Schließlich konnte sich auch die SED nach der Gründung der DDR kein „eigenes Volk" wählen, wie es Berthold Brecht dem SED-Zentralkomitee nach dem Aufstandsversuch von 1951 ironisch empfahl. Nein, die SED musste wohl oder übel mit genau der Bevölkerung versuchen, ihren Staat aufzubauen, die in ihrer großen Mehrheit solange die Verfolgung der Juden tolerierte oder sich sogar aktiv daran beteiligte, die solange die Möbel und den Hausrat der Deportierten zu Schnäppchenpreisen ersteigerte, bis die Alliierten dem ein Ende bereiteten.

Da sich die Bevölkerung in der DDR von der in der späteren BRD nun mal vor 1945 nicht unterschied, war sie ebenso durch und durch antisemitisch. Die Frage dürfte daher nur noch sein: Wie ging die DDR-Führung damit um? Schon da gehen die Meinungen weit auseinander und sie sind mit anderen Fragestellungen eng verbunden. Wer, aus welchen Gründen auch immer, zur DDR von Anfang an ein kritisches Verhältnis hatte, wird die Politik der SED auch in dieser Frage viel kritischer sehen, als jemand, der die DDR verteidigte. An der Frage schließlich, welchen Anteil die Politik von SED und Blockparteien an einem DDR-spezifischen Antisemitismus hatten, scheiden sich seit nunmehr zwei Jahrzehnten die Geister. Da fühlen sich manche Verteidiger_innen der DDR gegen jegliche historische Evidenz sogar bemüßigt, die Politik der frühen 50er Jahre zu verteidigen, wo in der Endphase des stalinistischen Regimes mit der Kampagne gegen Westemigrant_innen und gegen den Kosmopolitismus ein nur dürftig getarnter Antisemitismus wieder Realität war. Einerseits hatte diese Kampagne in der DDR nicht die Ausmaße wie in Tschechien, Polen oder Rumänien, wo eine Verfolgungswelle gegen jüdische Kommunist_innen einsetzte. Andererseits zeigte der Sturz von Paul Merker, einem der wenigen KPD-Politiker, die sich im Exil mit der mörderischen Politik der Shoah auseinandersetzten, und seine Diffamierung als „Agent des Zionismus" dass auch in der DDR antijüdische Politik offen betrieben wurde. Hinzu kommt noch, dass sie auf eine Bevölkerung traf, die noch unter den Einfluss des NS-Antisemitismus stand. Eine Kampagne gegen den Zionismus und Kosmopolitismus traf da auf offene Ohren. Zumal es bald offizielle DDR-Politik war, nicht nur die DDR zum antifaschistischen Staat zu erklären, sondern die Bewohner_innen entgegen jeder historischen Evidenz gleich mit zu entnazifizieren. Nach 1956 setzte wie im gesamten nominalsozialistischen Lager auch in der DDR eine Liberalisierung ein. Zahlreiche Verfolgte der stalinistischen Kampagnen wurden rehabilitiert. Inwieweit die außenpolitische Orientierung der Warschauer Vertragsstaaten in ihrer überwiegenden Mehrheit – Rumänien blieb eine Ausnahme –, die sich bald gegen Israel positionierten, eine Fortsetzung antisemitischer Positionen war, wird weiterhin kontrovers diskutiert. Man kann aber wohl festhalten, dass sie bei ihrer Darstellung der israelischen Politik in Texten und Karikaturen genau so unsensibel gegenüber antisemitischen Untertönen und Konnotationen agierte, wie ein Großteil der linken Bewegungen in fast allen Ländern der Welt und dass sie auf einen regressiven Antizionismus setzte.

Schwieriger ist die Frage zu beantworten, wie die Politik in der späteren DDR in Bezug auf den Antisemitismus einzuschätzen ist. Hier werden in der Diskussion die Verhältnisse in der BRD, wo die Ausstrahlung des Films *Holocaust* eine wichtige Rolle bei der jüngeren Auseinandersetzung mit dem deutschen Vernichtungsantisemitismus gespielt hat, auf die DDR übertragen. Der Film wurde offiziell in der DDR nie gezeigt und spielte so auch in dem offiziellen Diskurs keine große Rolle. Doch daraus die Schlussfolgerung zu ziehen, es hätte keine Auseinandersetzung mit dem NS-Antisemitismus gegeben, greift zu kurz.

Die Berliner Naturfreundejugend, die sich in den vergangenen Jahren mit der Frage auseinandersetzte, ob es einen DDR-spezifischen Antisemitismus gab, zeigte einige Filme, die sich in der DDR mit der Shoah auseinander setzten:

„DIE MÖRDER SIND UNTER UNS“
von Wolfgang Staudte, 1946
Im ersten Nachkriegsfilm teilen sich kurz nach Kriegsende die KZ-Überlebende Susanne Wallner (Hildegard Krief) und der traumatisierte Militärarzt Hans Mertens (Ernst Wilhelm Borchert) ihre ehemalige Wohnung. Unfähig weiterhin als Arzt zu arbeiten, fängt Mertens an zu trinken. Als er erfährt, dass sein ehemaliger Hauptmann, der für Kriegsverbrechen verantwortlich ist, erfolgreicher und angesehener Geschäftsmann ist, will er ihn töten. Susanne Wallner hält ihn davon ab.

„EHE IM SCHATTEN“
von Kurt Maetzig, 1947
Hans Wieland (Paul Klinger), ein junger Schauspieler, lehnt es während des Nationalsozialismus ab, sich von seiner jüdischen Frau Elisabeth (Ilse Steppat) scheiden zu lassen. Hans steht Abend für Abend auf der Bühne, während seine Frau Berufsverbot hat. Im Krieg nimmt er sie mit zu einer Premiere mit, wo sie entdeckt wird. Er hat die Alternative, sich scheiden zu lassen oder an die Front geschickt zu werden, was die Verschleppung seiner Frau in ein KZ zur Folge hätte.

„AFFÄRE BLUM“
von Erich Engel, 1948
Der Film gibt die Vorgänge eines Magdeburger Justizskandals von 1925/26 weitgehend authentisch wieder. Ein jüdischer Fabrikant wird des Mordes an seinem Buchhalter beschuldigt. Der deutschnationale Untersuchungsrichter, der unbedingt einen jüdischen Täter haben will, sieht Blum selbst dann noch als Täter an, als sich Hinweise auf den tatsächlichen Mörder, einen ehemaligen Freikorpskämpfer, finden.

„STERNE“
von Konrad Wolf, 1959
1943: Wehrmachtsunteroffizier Walter trifft in einer bulgarischen Stadt auf die griechische Jüdin Ruth. Er verliebt sich in Ruth. Zusammen mit anderen Jüdinnen und Juden soll sie nach Auschwitz deportiert werden. Walter kommen Zweifel

wegen der deutschen Verbrechen, denen er dient und deren Opfer Ruth zu werden droht.

Ein weiteres markantes kulturelles Beispiel für die DDR-offizielle Auseinandersetzung mit der Shoah war die Aufführung des Theaterstücks „*Die Ermittlung*“ von Peter Weiss in zahlreichen Theatern und in der Volkskammer der DDR. Im Anschluss an den Auschwitzprozess, der in den frühen 60er Jahre auch in der BRD eine erste tiefere Auseinandersetzung mit der Shoah einleitete, versuchte Weiss die Massenvernichtung in dem Theaterstück zu verarbeiten.

Bei der Diskussion um den Umgang mit den Opfern antisemitischer Verfolgung muss schließlich bedacht werden, dass bei jüdischen Aktivist_innen der kommunistischen aber auch der sozialdemokratischen Arbeiter_innenbewegung die Überzeugung vorherrschte, dass es die Nazis waren, die sie zu Juden gemacht hätten. Sie selber verstanden sich hingegen oft als Teil der Arbeiter_innenbewegung und des antifaschistischen Widerstands und nicht explizit als Jüdinnen und Juden. Diese Position wird von einigen noch lebenden kommunistischen Widerstandskämpfer_innen auch heute verteidigt und war also keineswegs nur eine SED-Doktrin.[16]

Nach der Wende haben aber auch ehemalige Kommunist_innen, vor allem aus der mittleren und jüngeren Altersgruppe, diesen Standpunkt revidiert. Manche haben sich ihre eigene jüdische Geschichte neu angeeignet und kritisieren die offizielle Politik der DDR zur Shoah und den Umgang mit den Jüdinnen und Juden sehr scharf. Daraus zog beispielsweise die Gründerin der *Amadeu Antonio Stiftung* Anetta Kahane die Konsequenz einer klaren Positionierung gegen jeden Antisemitismus und Rassismus und für die Solidarität mit dem Staat Israel.

---

16 Graf, Philipp: „Nach Hitler wir!“ in. Gruppe Inex (Hrsg.), Nie wieder Kommunismus? Zur Linken Kritik an Stalinismus und Realsozialismus. Münster, Unrast, 2012, S. 128ff

Wieder allein – wie ein Teil der Antifa antideutsch wurde

Nun wäre es aber falsch, von einer kontinuierlichen Weiterentwicklung der Antisemitismusdebatte vom zweiten Golfkrieg bis heute auszugehen. Tatsächlich wurden aber die ideologischen Grundmuster, die dann zu bestimmten Zeiten reaktiviert wurden, Anfang der 90er Jahre des letzten Jahrhunderts gelegt. Nach dem zweiten Golfkrieg trat die Diskussion um Israel wieder in den Hintergrund. Die Nie-wieder-Deutschland-Bewegung war an ihre Grenzen gestoßen. Doch es gab zu bestimmten Anlässen immer wieder gemeinsame Kongresse oder Demonstrationen von einem Spektrum, dem das Label antideutsch zugeschrieben wurde. Es ging dabei meist um historische Daten. So war der fünfzigste Jahrestag der alliierten Bombardierung Dresdens ein solches Interventionsfeld. Unter dem Motto „Keine Träne für Dresden" oder provokativer „Bomber Harris do it again" wurde dagegen protestiert, dass Deutschland sich als Opfer der Geschichte präsentierte. Solche Anlässe gab es vor allen zu historischen Jahrestagen häufiger. Ein weiteres antideutsches Betätigungsfeld war die Rolle der deutschen Politik im ehemaligen Jugoslawien. In der Unterstützung Kroatiens und der zunehmend aggressiveren Politik gegen Serbien sahen viele kritische Zeitgenoss_innen die Fortsetzung einer alten deutschnationalen Politik. Wie wenig zu dieser Zeit in der sogenannten antideutschen Strömung die Positionierung zu Israel eine zentrale Rolle spielte, zeigte die Kooperation zwischen Gruppen oder Einzelpersonen, die sich später an der Haltung zu Israel total entzweiten. Ein konkretes Beispiel: Während der Proteste gegen die deutsche Beteiligung am Krieg gegen Jugoslawien gab es unter den Aktivist_innen Streit über den Umgang mit serbischen Nationalist_innen, die teilweise mit ihren Fahnen daran teilnehmen wollten. Während ein Teil der außerparlamentarischen Linken auf die antinationalen Grundsätze pochte und die Fahnenträger_innen von der Demonstration verwies, polemisierte der außenpolitische Chefkommentator der *jungen Welt* Werner Pirker gegen angebliche „ethnische Säuberungen in Kreuzberg" durch den Ausschluss der serbischen Rechten. Unterstützung fand er bei der antideutschen Zeitschrift Bahamas, die Pirkers Kommentar ausdrücklich lobte und bei einer zeitnahen Veranstaltung in Berlin auslegte. Nur wenige Jahre später wäre eine solche Bezugnahme des israelsolidarischen Blattes auf den antizionistischen jw-Kommentator undenkbar gewesen.

Alle unter einem Dach – ein gescheitertes Experiment

Mitte der 90er Jahre kam es nach dem Relaunch der *jungen Welt* noch einmal zu einer Kooperation dieser unterschiedlichen Spektren unter dem Dach der damals in Berlin-Treptow produzierten Tageszeitung. Allerdings war das Experiment schon 1997 beendet. Die Absetzung des Chefredakteurs durch den Herausgeber führte schließlich zur Trennung. Seitdem gibt es neben der Tageszeitung *junge Welt* die Wochenzeitung *Jungle World.*

Zunächst war der Antisemitismusstreit nicht die dominierende Triebfeder der Trennung. Der konkrete Streitpunkt war der linke Umgang mit der Mehrheitsbevölkerung in Deutschland. Solle diese in erster Linie bei ihren sozialen Interessen angesprochen und gewonnen werden oder sollte sie Gegenstand linker Kritik sein?

Dahinter standen Erfahrungen, die aktive Antifaschist_innen in den 90er Jahren häufig machen mussten, wenn sie zu Demonstrationen gegen Nazitreffen in die ostdeutschen Städte fuhren. Sie waren häufig mit einer Polizei konfrontiert, die die Demonstrant_innen teilweise mit Hubschraubern an der Autobahn abfing und festsetzte, wie bei einer geplanten Manifestation in Saalfeld Ende der 90er Jahre. Oft fanden Antifademonstrationen in polizeilichen Wanderkesseln mit vielen Auflagen statt. Aber auch den Großteil der einheimischen Bevölkerung erlebten die Antifaschist_innen nicht als Unterstützer_innen, sondern als wütende Bürger_innen, die sich oft nicht nur verbal gegen die Linken wandten. Vor allem in Kleinstädten gab es nicht selten einen Schulterschluss zwischen der heimischen rechten Szene mit vorgeblich unpolitischen

Bürger_innen gegen die linken Demonstrant_innen von außerhalb. Die Politpunkband *Goldene Zitronen* hat in Songs wie „*Das bisschen Totschlag*" das Gefühl beschrieben, das damals viele aktive Antifaschist_innen in der dreifachen Frontstellung gegen Neonazis, Normalbürger_innen und Polizei teilten. Man sah sich zunehmend in ständiger Frontstellung gegen die deutschen Verhältnisse. Daraus speiste sich die zweite Welle der antideutschen Bewegung. Seit Mitte der 90er Jahre kam es immer häufiger zu gemeinsamen Veranstaltungen zwischen den historischen Kernen der Nie-Wieder-Deutschland-Bewegung und Antifazusammenhängen. Vor allem der Zirkel um die Zeitschrift *Bahamas*, die nach dem schnellen Abebben der Nie-wieder-Deutschland-Bewegung zunehmend isoliert war und daraus eine politische Tugend machte, wusste das gestiegene Interesse der Antifabewegung für antideutsche Themen zu nutzen. Seit Ende der 90er Jahre beteiligten sich zunehmend junge Menschen an ihren Veranstaltungen, die die kurze Zeit der Nie-wieder-Deutschland-Bewegung nicht mehr aktiv miterlebt hatten. Die Gemeinsamkeiten bestanden zunächst in der Ablehnung der deutschen Zustände, zu denen noch Ende der 90er Jahre rassistische Anschläge gegen Flüchtlingsheime in Lübeck und Mölln gehörten. Als mit konstruierten „Beweisen" der libanesische Flüchtling und Bewohner des abgebrannten Lübecker Flüchtlingsheims Safwan Eid zum Täter und Brandstifter stilisiert werden sollte, organisierte neben Antifagruppen auch das Bahamas-Umfeld eine Kampagne für seine Freilassung. Natürlich gehörte auch eine klare Positionierung gegen jeden Antisemitismus von Anfang an zum Konsens der neuen Kooperationspartner_innen. Doch in der ersten Zeit spielte die Diskussion um den Antisemitismus und Israel nicht die zentrale Rolle.

Das Ende der alten Antifa

Das änderte sich aber mit der Krise der autonomen Antifabewegung, die Ende der 90er Jahre nicht mehr zu übersehen war. Im April 2001 kam es dann in Göttingen auf einem Kongress zur entscheidenden Weichenstellung. Bundesweite Organisationsansätze, die fast ein Jahrzehnt die bundesweite Antifapolitik getragen hatten, lösten sich auf. Während ein Teil der Antifas in der globalisierungskritischen Bewegung das neue Betätigungsfeld sah, setze ein anderer Teil verstärkt auf Ideologie- und Staatskritik. Diese Strömung beschäftigte sich auch zunehmend mit Antisemitismustheorien, aber auch mit strukturell antisemitischen Erscheinungen, wie sie beispielsweise in Teilen der globalisierungskritischen Bewegung zu beobachten waren. Solche Ereignisse führten immer wieder zu innerlinken Debatten. Gerade durch den Austausch mit Aktivist_innen aus vielen Ländern im Rahmen der globalisierungskritischen Bewegung gewann auch die Debatte um Israel eine zunehmende Bedeutung. Denn in den meisten europäischen Ländern, aber auch in den USA, bedienten sich linke Aktivist_innen der unterschiedlichen Strömungen eines antizionistischen Jargons, der an die Israel-Boykott-Parolen an den Wänden der Hamburger Hafenstraße 1988 in Westdeutschland erinnerte. Da zunächst noch alle Teile der Antifabewegung an großen Protestevents der globalisierungskritischen Bewegung von Prag, über Göteborg, Brüssel, Nizza bis Genua teilnahmen, wurde der Streit um die Beurteilung Israels bald ein wichtiger Topos auf europäischer Ebene. Die israelsolidarischen Gruppen versuchten dabei, ihre Argumente auf Großdemonstrationen in den Jahren 2000 und 2001 in mehrsprachigen Texten bekannt zu machen. Dort sollte an Beispielen von regressiver Israelkritik belegt werden, warum ein antizionistischer Ansatz hinterfragt werden muss. Allerdings verhärteten sich die Fronten bald. So mussten Antifagruppen aus Deutschland bei globalisierungskritischen Großdemonstrationen israelsolidarische Parolen verdecken. Das hatte zur Konsequenz, dass sich ein Teil der Antifabewegung zunehmend aus der globalisierungskritischen Bewegung zurückzog und die Solidarität mit Israel dafür einen stärkeren Stellenwert bekam.

Diese Entwicklung setzte seit 2000 und verstärkt im Jahr 2001 ein. Die islamistischen Anschläge vom 11. September in den USA waren also keineswegs der Auslöser dieser explizit israelsolidarischen Strömung in der Antifabewegung. Aber sie haben eine Entwicklung beschleunigt und radikalisiert, sie sich schon vorher abzeichnete. Ob es allerdings ohne diese Anschläge zu einer so schnellen und teilweise unversöhnlichen Lagerbildung an der Frage „wie hältst du es mit Israel?" gekommen wäre, muss offen bleiben. Es ist allerdings auffallend, dass ab dem Herbst 2001 teilweise in kurzer Zeit politische Gruppen, Freundeskreise, Wohngemeinschaften an dieser Frage zerbrachen. Wo es vorher heftige argumentative Auseinandersetzungen gegeben hatte, dominierte bald die Diskussionsverweigerung. Die Erweiterung des antideutschen Spektrums in Teile der aktivistischen Antifabewegung hatte auch zur Konsequenz, dass sich die Auseinandersetzungen insgesamt verlagerten. Die Gruppen, die sich auf die Nie-wieder-Deutschland-Bewegung bezogen haben, organisierten Kongresse und gaben Publikationen, Zeitschriften und Zeitungen heraus, in denen sie ihre Argumente vortrugen. Zu besonderen, meist erinnerungspolitischen Anlässen, wie den Jahrestagen der Bombardierung Dresdens, wurden auch politische Interventionen gestartet. Aber überwiegend erstreckte sich die Praxis auf den theoretischen Bereich. Das änderte sich nun. Die Antifagruppen trugen ihre Ablehnung Deutschlands auf die Straße und drückten in Slogans und Symbolen ihre Ablehnung der deutschen Zustände aus. Ein Klassiker war die auf Dresden bezogene Parole „Bomber Harris do it again", der im Sinne der Organisator_innen seinen Zweck erfüllte. Auch ein Teil der außerparlamentarischen Linken regte sich darüber auf.

Palästinensertuch versus Israelfahne

Spätestens ab dem Jahr 2000 sorgte auch die Antisemitismusdiskussion in der Antifabewegung für Trouble. Dabei haben die israelsolidarischen Gruppen mit ihren Symbolen, dem Davidsstern oder der Israelfahne, nur nachgezogen. In den 80er Jahren gehörte das Palästinensertuch zu den Bekleidungsstücken vieler sich als links verstehender Menschen. Manche trugen es bewusst als Zeichen der Solidarität mit Palästina, manche sahen darin ein bequemes Kleidungsstück und waren erstaunt, dass ab Ende der 90er Jahre am Beginn von Antifademonstrationen Erklärungen verlesen wurden, in denen begründet wurde, warum Palästinensertücher nicht getragen werden sollten.[17] Flyer mit den Texten tauchten an verschiedenen politischen Treffpunkten auf. Nach Meinung der Autor_innen ist es eine modische Parteinahme für den Kampf gegen Israel. Mit dem Beginn der zweiten Intifada im Oktober 2000 verschärften sich diese Auseinandersetzungen. Während sich die israelkritischen Antifas verstärkt mit Palästinensertüchern und auch -fahnen positionierten, zeigten die israelsolidarischen Antifas ebenfalls Flagge. Ab 2000 gehörte die Auseinandersetzung um die Israelfahne auf Demos zu den ständigen Streitpunkten. Da die Antifabewegung sich nicht nur in Demonstrationen erschöpfte, sondern eine Jugendkultur einschloss, bestimmte die Antisemitismusdebatte bald auch die Freizeitgestaltung. Welche Bands können im Lautsprecherwagen der Demo gespielt werden, welche Musik kann auf der Soliparty aufgelegt werden? Solche Fragen wurden von Aktivist_innen unterschiedlich beantwortet, je nachdem, ob sie sich israelkritisch oder -solidarisch positionierten. Die Auseinandersetzung bekam so schnell rigide Züge, die nicht nur von Aktivist_innen, die sich in der Auseinandersetzung nicht positionieren wollten, kritisiert wurden. Auch viele in den Streit involvierte Linke schlossen bald Kompromisse, indem sie nur zu bestimmten Anlässen Israelfahnen auf Demonstrationen mitführten. Allerdings behielt die Auseinandersetzung mehrere Jahre eine große Relevanz, weil hier Ereignisse im Nahen Osten (zweite Intifada, Libanonkrieg), das Ende der alten Antifabewegung und die Neuorientierung mancher Linker nach den Anschlägen vom 11.September zusammenkamen. Gerade dieses Ereignis bewirkte ein Zusammenrücken von einem Teil der israelsolidarischen Antifas mit den Resten des Nie-wieder-Deutschland-Spektrums. Dieses Bündnis stellte nun die Solidarität mit Israel in den Mittepunkt ihrer Aktivitäten und sah sich explizit auch nicht mehr als Teil der linken Bewegung.

---

17 http://www.copyriot.com/sinistra/reading/texte/coolekids.html

Die Antisemitismusdebatte nach dem 11. September

Dass die islamistischen Anschläge vom 11. September in den USA auf die Antisemitismusdebatte in Deutschland einen großen Einfluss hatten, ist vielleicht auf den ersten Blick erstaunlich. Doch dazu muss man den internationalen Kontext betrachten. Die Anschläge wurden von Konservativen verschiedener Länder als Angriff des internationalen Islamismus gesehen, der vor allem in der arabischen Welt verortet wurde. Israel wurde in diesem Kontext als Frontstaat betrachtet, der westliche Werte, Demokratie, Zivilisation gegen den Islamismus verteidigt und daher Solidarität braucht. Diese Position teilten Konservative in den USA und in vielen anderen Ländern. Wie schon während des Kalten Krieges wurde nun wieder die Auseinandersetzung um Israel von weltpolitischen Fragen überformt, die weder direkt mit dem Antisemitismus noch mit dem Kampf verschiedener Gesellschaften um dasselbe Land zu tun hatten. Diese ideologische Aufladung führte aber dazu, dass die Verteidigung Israels bis weit ins rechte Lager propagiert wurde. Diese Positionierung hatte auch zur Folge, dass eine Verteidigung Israels und eine Ablehnung des Antisemitismus, die nie identisch waren, noch weiter auseinander drifteten. Schon in der Vergangenheit gehörten fundamentalistische Christ_innen zu den entschiedenen Verteidiger_innen Israels, die sich dabei auf irgendwelche Prophezeiungen bezogen, nach denen die Erlösung der Welt vom Aufenthalt aller Jüdinnen und Juden in Israel abhängt, wo sie missioniert werden sollen. Damit ist ihre Israelfreundschaft eher mit antisemitischen Motiven verbunden. Während diese christlichen Fundamentalist_innen eher ein skurriler Tupfer in der Israelsolidarität waren, kamen nach dem 11. September weitere illustre Israelfreund_innen hinzu, die bestimmt nicht als „Freunde der Juden“ gelten.

Als ein Beispiel für einen dieser Konservativen, die die Außenpolitik der USA nach dem 11. September verteidigten, aber deswegen keineswegs frei von Antisemitismus waren, kann der kürzlich verstorbene britische Journalist Christopher Hitchens gelten. In einem Nachruf in der Jüdischen Allgemeinen[18] schrieb deren US-Korrespondent Hannes Stein:

„Der verstorbene britische Autor war ein kluger Kopf, außer wenn es um Juden ging. (...) Die Chanukkia, so Hitchens, sei ein Symbol des religiösen Obskurantismus, deshalb sei es ein Skandal, dass in Amerika in der Öffentlichkeit achtarmige Leuchter aufgestellt würden.“, zitiert Stein Hitchens Kommentar zu einem wichtigen Symbol der jüdischen Religion. Trotzdem gehörte Stein zu den wenigen im israelsolidarischen Spektrum, die Hitchens antijüdische Töne thematisierten. Denn vor allem nach dem 11. September war das zentrale Kriterium für eine positive Beurteilung die Positionierung zum Staat Israel. Die Erkenntnis, dass jemand ein hundertprozentiger Verteidiger Israels und Antisemit sein kann, wurde meist ignoriert. Dabei hatte die *konkret*-Publizistin Ulrike Meinhof sehr prägnant am Beispiel des Nachkriegswestdeutschlands der frühen 60er Jahre beschrieben, wie eine proisraelische Haltung sich mit Antisemitismus kombinieren ließ. Nicht wenig Ex-Nazis und Rechtskonservative gerierten sich in der BRD als Partner Israels, hatten aber ihren Antisemitismus nur notdürftig übertüncht. Die Kooperation mit Israel korrespondierte bei ihnen weder mit einem Aufarbeiten der deutschen Verbrechensgeschichte gegenüber den Juden noch aus einer Auseinandersetzung mit dem Antisemitismus, sondern war außenpolitischen Interessen in der damaligen Ost-West-Auseinandersetzung geschuldet. Ein bekannter Exponent der proisraelischen Rechten in der BRD war der CSU-Politiker Franz Josef Strauß. Wie er, fanden auch seine weniger exponierten Epigonen nichts dabei, die Kooperation mit Israel zu beschwören und in innenpolitischen Reden zu fordern, endlich aus den Schatten Hitlers treten zu wollen, Exnazis zu fördern und einen Schlussstrich unter die juristische Aufarbeitung der NS-Verbrechen zu fordern.

Nach dem 11. September wiederholte sich eine solche Konstellation auf globaler Ebene. Rechte Politiker_innen der unterschiedlichen Couleur sahen Israel als Partner im neuen globalen

18 http://www.juedische-allgemeine.de/article/view/id/11910

Konflikt mit dem Islamismus. Eine Positionierung gegen den Antisemitismus war damit nicht zwangsläufig verbunden.

Die israelsolidarische Linke und der 11. September

Die israelsolidarische Linke in Deutschland konzentrierte sich nach dem 11. September vor allem auf die Thematisierung des Islamismus, der auch Dschihadismus oder Islamfaschismus genannt wurde, als weltweite reaktionäre und antisemitische Bewegung. Sie positionierte sich damit gegen eine antiimperialistische Linke, die den Anschlag vom 11. September bis auf wenige Ausnahmen verurteilte, aber in einen Zusammenhang mit der US-Außenpolitik stellte. Berühmt-berüchtigt wurde ein Aufruf einer damals in der Hamburger PDS dominierenden linken Gruppe, die unter dem Titel „*Nur Frieden schafft Frieden oder Sowas kommt von Sowas*"[19] auf die Anschläge reagierte. Dieser auch in der PDS äußerst umstrittene Text wurde auch für viele israelsolidarische Linke zum Inbegriff einer linken Appeasement-Politik gegenüber dem Islamismus. Dabei bezogen sie sich auf die Politik der bürgerlichen Eliten vieler westeuropäischer Staaten gegenüber dem NS-Regime, die im Münchner Abkommen ihren Höhepunkt fand. Genauso wie die Politik damals durch Zugeständnisse und Entgegenkommen das NS-System einbinden wollte, wurden heute viele Linke in aller Welt, aber auch Liberale und Pazifist_innen dafür kritisiert, dass sie den Islamismus schönreden und die reaktionäre Gefahr der Bewegung leugnen würden „Hinter dem Ruf nach Frieden verbergen sich die Mörder" und „Keine Kollaboration mit den Islamismus" lauteten damals in großen Teilen der israelsolidarischen Bewegung häufig benutzte Parolen. Sie wollten damit deutlich machen, dass eine generelle Ablehnung jedes Krieges auch eine Verurteilung der Alliierten, die den NS-Staat besiegten, bedeuten würde. Demgegenüber erinnerten die israelsolidarischen Gruppen mit dem ehemaligen Vorsitzenden

---

19 http://archiv2007.sozialisten.de/politik/publikationen/kpf-mitteilungen/view_html?zid=4325&bs=1&n=5

des *Zentralrats der Juden in Deutschland* Paul Spiegel an die historische Wahrheit:

„Man kann nicht a priori Nein zum Krieg sagen. Die Konzentrationslager wurden auch nicht von Friedensdemonstrationen befreit, sondern von der Roten Armee."

Weil die meisten israelsolidarischen Gruppen die Situation nach dem 11.9.2001 mit den 30er Jahren gleichsetzten, beurteilten sie den Krieg der Nato gegen Afghanistan und den mit dem Sturz des Saddam-Regimes endenden Angriff der USA und ihrer Verbündeter auf den Irak im Gegensatz zu großen Teilen der weltweiten antiimperialistischen und pazifistischen Bewegung, aber auch der jüngeren globalisierungskritischen Aktivist_innen nicht primär als imperialistischen Krieg. Selbst wenn alle Staaten eigene Interessen haben und die auch in Kriegen umsetzen, schaffe der Sturz der Taliban in Afghanistan und des Baath-Regimes im Irak Möglichkeiten für emanzipatorische Entwicklungen in den Ländern, so ihre Begründungen. Tatsächlich standen beide Regime, die ideologisch nichts miteinander zu tun hatten und verfeindet waren, für eine extrem repressive Machtausübung, die Unterdrückung Oppositioneller und für die Feindschaft zum Staat Israel. Die israelsolidarischen Aktivist_innen lehnten es zu Recht ab, an diesen Systemen irgendetwas Verteidigenswertes zu finden, nur weil sie in einer bestimmten Zeit in Frontstellung zu USA und Nato standen. Tatsächlich gab es bei den Kriegsgegner_innen wenige, die sich offen auf die Seite dieser Regime stellten. Aber selbst die Forderung nach Verhandlungen mit den Taliban, wie sie von großen Teilen der Antikriegsbewegung bei ihrer Mobilisierung im Dezember 2011 gegen die Afghanistankonferenz in Bonn erhoben wurde, ignoriert die Befürchtung von Frauengruppen und emanzipatorischen Initiativen in Afghanistan, dass ein Machtzuwachs der Taliban ihre Bewegungsmöglichkeiten noch weiter einschränken würde. Ihre Gegnerschaft gegen Natokrieg und Taliban speist sich aus der Ablehnung der Warlords und der reaktionären Claninteressen auf beiden Seiten.

Was aber im israelsolidarischen Diskurs unterging, war die offensichtliche Tatsache, dass der Krieg die ihm zugedachte Förderung emanzipatorischer Interessen nicht hatte. Allein die Tatsache, dass mit Saudi-Arabien eine der Hauptmächte eines besonders reaktionären Islamismus, der von dort auch in viele andere Staaten mittels Stiftungen exportiert wird, zu den Bündnispartnern der USA im Kampf gegen Saddam Hussein gehörte, macht das deutlich. Auch der Hinweis, dass die Taliban ein Spätprodukt der Intervention der westlichen Staaten gegen die Aprilrevolution von 1978 in Afghanistan war, in deren Folge die Aufteilung der Großgrundbesitzer und wesentliche Frauenrechte durchgesetzt wurden, wurde gelegentlich von einigen israelsolidarischen Gruppen in die Nähe der Kollaboration mit dem Islamismus gestellt. Auch die Solidarität mit Israel bekam zunehmend eine rein militärstrategische Schlagseite. Dass die oben beschriebenen Begriffe wie Appaesement-Politik und Kollaboration in den Flugschriften von Teilen der israelsolidarischen Bewegung auftauchten, ist ein starkes Indiz für diese Dominanz militärischer Logiken. Dass hatte, wie oben beschrieben, zur Folge, dass die Beschäftigung mit dem Antisemitismus in den Hintergrund trat: Wenn die Schriften der Frankfurter Schule oder von Moishe Postone, die eine Auseinandersetzung mit dem Antisemitismus und seinen Entstehungsbedingungen aus linker Perspektive ermöglichen, eine wichtige Referenz in dem israelsolidarischen Spektrum nach 1989 war, so verschob sich die Auseinandersetzung bei vielen Gruppen nach dem 11. September wie oben beschrieben. Das hatte drei Folgen für die Beschäftigung mit dem Antisemitismus. Noch in den 90er Jahren des letzten Jahrhunderts wurde das sogenannte „Fernefuchteln“ kritisiert. Damit war das Bestreben mancher Linker und Friedensbewegter gemeint, besonders berufen zu sein, Ratschläge für einen Frieden im Nahen Osten zu geben. Demgegenüber beharrten damals Gruppen, die sich solidarisch mit Israel zeigten, auf den Grundsatz, dass ihr Problem Deutschland sei und dass sie weder bereit noch willens sind, Ratschläge für die Nahostpolitik zu geben. Seit dem 11. September hält sich ein Teil der israelsolidarischen Bewegung an diese Prämisse längst nicht mehr. Vor allem das Spektrum um die Zeitung *Bahamas*, die als Pioniere der Bewegung gelten können (siehe Kapitel 2), positionierten sich an der Seite konservativer Politiker_innen aus Israel und den

USA gegen die Linke in Israel. Hier ist die zweite Folge der Diskursverschiebung zu beobachten. Zunehmend wurde auch von einem Teil des israelsolidarischen Spektrums Position gegen die politischen Vorstellungen linker Jüdinnen und Juden bezogen.

Der israelischsolidarische Wiener Historiker Stefan Grigat begründet die Positionierung gegen die radikale Linke Israels in einem Aufsatz[20] so: „Materialistische Kritik muss sich einen Begriff vom Staat im Allgemeinen machen; dennoch kann die Staatskritik nicht von den jeweils unterschiedlichen Ausprägungen und Zwecksetzungen staatlicher Herrschaft und Verwaltung abstrahieren. Es macht einen Unterschied, ob man Staatskritik in einem Staat formuliert, dessen vorrangige Aufgabe es ist, den ‚objektiven Zwangscharakter der Reproduktion' zu garantieren, oder aber ob man Kritik der Politik in einem Staat betreibt, dessen allererster Zweck es ist, die Vernichtung zu verhindern. Alles, was der israelische Staat in Ausübung seiner Funktion als ideeller Gesamtkapitalist, als kollektiver Organisator widerstrebender Interessen, als Herrschafts- und Gewaltinstanz gegenüber seinen Untertanen, als Moderator der Ressentiments seiner Bürger und Repressionsapparat gegenüber den auf seinem Territorium lebenden Nichtbürgern, als Organisator der demokratischen Legitimation seiner Machtausübung und Ideologe des Allgemeinwohls tätigt, alles also, was dem Materialismus Anlass und Grund für Kritik liefert, ist in Israel auf diese Funktion rückbezogen, die außerhalb jeder Kritik steht und dem Materialismus Anlass und Grund für emphatische Parteilichkeit ist."

Allerdings gerieten vor allem im *Bahamas*-Spektrum nicht nur die kleinen explizit antizionistischen Gruppen in die Kritik, sondern auch wesentlich moderatere Positionen von linken Zionist_innen und der Mehrheitsströmung der israelischen Friedensbewegung, wie sie von Uri Avnery repräsentiert wird. Damit wird aber in der innerisraelischen Debatte eine klare Positionierung vorgenommen, was eine Zäsur in der israelsolidarischen Bewegung darstellte. Noch Ende der 90er Jahre erklärte der israelsolidarische Publizist Tjark Kunstreich

20 http://david.juden.at/kulturzeitschrift/70-75/75-grigat.htm

auf einer von der *Bahamas*-Redaktion organisierten Veranstaltung in Berlin auf die Frage, ob er jeden Antizionismus für tendenziell antisemitisch halte, dass sei schon allein deshalb absurd, weil es weltweit viele Arten von Antizionismus gäbe, die bis zu frommen Juden in den USA reiche. Er betonte, sich gegen Antizionismus in der deutschen Linken zu wenden und keinesfalls in der innerjüdischen Debatte Position beziehen zu wollen. Das hat sich nach dem 11. September total geändert. Teile der israelsoldarischen Linken nehmen sehr massiv Stellung in der innerjüdischen Debatte (siehe späteren Exkurs 1). In der Folge des 11. September bekam auch die Auseinandersetzung mit Deutschland, vor allem bei der *Bahamas*-Fraktion der israelsolidarischen Linken, einen neuen Stellenwert. Die Kampfansage an den deutschen Staat wurde zurückgenommen oder wesentlich abgeschwächt. Stattdessen nahm der Islamismus/Dschihadismus zunehmend diese Rolle im Diskurs des *Bahamas*-Umfelds ein. Es gab dort auch Versuche theoretisch zu begründen, wie die „deutsche Ideologie" mitsamt dem Antisemitismus in der islamistischen Bewegung seine Fortsetzung findet. Danach hätte sich das Objekt der Antideutschen gar nicht geändert, es wäre nur ausgewandert.

Wo beginnt der Rassismus?

Wie sich diese Umorientierung praktisch auswirkte, soll an einem Beispiel gezeigt werden. Im Jahr 2002 verteidigte die *Bahamas* die mittlerweile verstorbene italienische Journalistin Oriana Fallaci und ihre kurz nach den 11. September verfasste Streitschrift „*La Rabbia e lÓrgoglio*" (*Der Zorn und der Stolz*). Für die *Bahamas* handelt es sich um einen „Text, in dem sie dazu aufrief, den Gotteskriegern mit antifaschistischer Entschlossenheit militärisch entgegenzutreten"[21] Bernhard Schmid klassifizierte Fallacis Essay als eine rassistische Brandschrift und seine angeführten Zitate[22] sprechen für sich.

21 http://www.redaktion-bahamas.org/auswahl/web38-3.html

22 Schmid Bernhard, Distanzieren, leugnen, drohen, Die europäische

„Die Söhne Allahs vermehren sich wie Ratten." Über Flüchtlinge aus dem arabischen Raum urteilt sie:

„Tausende von ihnen demonstrieren auf den Plätzen. Sie verstecken sich nicht einmal. Um sie abzuschieben, hätte es genügt, sie in Reih und Glied aufzustellen, sie zu einem Hafen oder Flughafen zu bringen und zurückzuschicken."

Sie beklagt in dem Text, dass „Italien seine schöne Sprache und seine nationale Identität" opfere und im Schlussteil kokettiert Fallaci damit, sie hätte ein in Mailand von somalischen Flüchtlingen aufgestelltes Zelt abgefackelt, wenn die Polizei der Aktivbürgerin nicht durch Räumung zuvor gekommen wäre. In mehreren Ländern haben Antirassismusorganisationen gegen den Text Strafanzeige gestellt. Die *Bahamas*-Redaktion hat ihr Lob für Fallacis Pamphlet nie zurückgenommen.

Gegen diese Entwicklung der *Bahamas* gab es Widerstand innerhalb der israelsoliarischen Linken. Schon 2004 unterzog die Gruppe *Sinistra* aus Frankfurt/Main unter der Überschrift *„Dialektik des Abschieds"*[23] die politische Entwicklung des *Bahamas*-Umfeldes einer heftigen Kritik. Die Autor_innen bewerteten im ersten Teil des Textes die Herausbildung einer antideutschen/antinationalen Linken als emanzipatorische Überwindung des Antiimperialismus der späten 80er Jahre. Im Anschluss wird die Rechtswende des *Bahamas*-Umfeldes an antifeministischen Positionen und dem Abdruck des oben erwähnten Textes *„Der Zorn und der Stolz"* von Oriana Fallaci festgemacht.

In einen eigenen Abschnitt befassten sich die Sinistra-Autor_innen auch mit der Verschiebung der Antisemitismusdebatte in der *Bahamas*.

„Noch fataler wird es dort, wo diese sich antideutsch dünkenden Deutschen ihren kritischen Blick auf Jüdinnen, Juden und Israel wenden: Im Eindreschen auf die israelische Friedensbewegung und israelische Intellektuelle wie Moshe Zuckermann, die sich erdreisten, von der Bahamas-Linie abweichende Meinungen zu vertreten und dafür aus Deutschland belehrt werden, was gut und richtig für die Juden und Israel ist, zeigt sich der wahre

---

Rechte nach Oslo, Edition assamblage, S. 42ff

23 http://www.copyriot.com/sinistra/magazine/sin04/abschied.html

Abgrund des Bahamas'schen Anti-Antisemitismus. Mittlerweile auch in gute und schlechte Juden differenzierend, erwähnt die Berliner Zeitschrift ohne rot zu werden in ihrer Aufzählung derjenigen, die hierzulande noch zur „vernunftfähigen Welt" zu rechnen seien, neben sich selbst und der Welt-Redaktion 'jene Mehrheit der jüdischen Gemeinde, die sich noch nicht im Zuckermann-Diskurs verfangen hat' (Bahamas-Aufruf: „Gegen die antisemitische Internationale", Juni 2003)."

Diese Sinistra-Intervention ist nur ein Beispiel für heftigen Widerspruch gegen die *Bahamas*-Positionen in der israelsolidarischen Linken. Viele ihrer Kritiker_innen nehmen diese Ausdifferenzierungen bis heute kaum zur Kenntnis. Es wird oft versucht, für *Bahamas*-Texte und Positionen aus ihrem Umfeld die gesamte israelsolidarische Linke in die Verantwortung zu nehmen.

Exkurs: Zwischen den Fronten – Linke Juden und die Linke in Deutschland

Die Instrumentalisierung von Juden anhand ihrer Positionierung zu Israel und zum Nahostkonflikt ist vor allem ein Dilemma für die jüdischen Kritiker_innen der israelischen Politik. Die Polarisierung in Deutschland versperrt ihnen Möglichkeiten zu einer kontroversen Debatte. Wenn jüdische Kritiker_innen der israelischen Politik in einem dezidiert antizionistischen Milieu bejubelt werden, gibt es genau so wenig weiterführende Debatten, wie wenn das *Bahamas*-Umfeld israelische Sicherheitspolitiker_innen einlädt, die dem Publikum die Gefahren des Islamismus für die Existenz Israels ausmalen. In solchen Veranstaltungen werden die jüdischen Referent_innen zu dem Zweck eingeladen, die eigene Position zu bekräftigen. In beiden Fällen würde die Sympathie mit den Referent_innen schnell schwinden, wenn sie diese Rolle nicht erfüllen und in ihrem Referat die Position hinterfragen würden. Auf dem Höhepunkt des Streits um die versuchte Verhinderung einer Aufführung des Films „Warum Israel" von Claude Lanzmann sollte eine Erklärung, die der Verfasser gemeinsam mit den

Journalist_innen Bernhard Schmid und Birgit Gärtner und dem Theaterregisseur Antonin Dick verfasste, die Debatte um einige wenig diskutierte Aspekte erweitern. [24]

Eine bemerkenswerte Debatte und der Weg nach Köln

Eine fast zehn Jahre alte Debatte zwischen israelsolidarischen Linken in Deutschland und einem regierungskritischen jüdisch-israelischen Wissenschaftler man nachlesen in einem im *Konkret-Verlag*veröffentlichten Buch:
In einer Verlagsnotiz heißt es:

„Der in Israel geborene Moshe Zuckermann, Direktor des Instituts für Deutsche Geschichte der Universität Tel Aviv, ist mit 21 Jahren von Frankfurt nach Israel emigriert.'Es war', sagt er, 'die erwachsene Entscheidung eines jungen linken Zionisten.' Inzwischen hat er sich vom Zionismus verabschiedet. Heute wird Zuckermann, Autor von 'Zweierlei Holocaust – Der Holocaust in den politischen Kulturen Israels und Deutschlands' (1998), in dem er als radikaler Kritiker der israelischen Politik und Gesellschaft auftrat, von Kritiker_innen Israels als Antizionist in Anspruch genommen. Im Gespräch mit den Konkret-Autoren Thomas Ebermann, Hermann L. Gremliza und Volker Weiß räumt er mit Missverständnissen dieser Art auf.“[25]

Auch wenn die Debatte beendet wurde, nachdem Zuckermann im Zuge eines Rechtsrucks in Israel seine Kooperation mit antizionistischen Gruppen auch in Deutschland ausbaute, lohnt die Lektüre noch immer. Hermann L. Gremliza hat im Editorial der Konkret vom November 2011 noch einmal ein Resümee der Debatte gezogen und in diesem Kontext auch einen Briefwechsel veröffentlicht, der die Schwierigkeiten eines Dialoges zwischen israelsolidarischen Linken in Deutschland und regierungskritischen israelischen Linken verdeutlicht.[26] Daher soll er hier dokumentiert werden:

---

24 http://www.trend.infopartisan.net/trd0110/t380110.html

25 http://www.konkret-verlage.de/kvv/kt.php?texte=34

26 http://www.konkret-verlage.de/kvv/von.php?jahr=2011&mon=03

„Als ein Bündnis deutscher Israelfeinde im Jahr 2004 in Köln unter dem Titel 'Stop the Wall' eine 'Internationale Konferenz für einen gerechten Frieden in Palästina und Israel' veranstaltete und Zuckermann als Teilnehmer ankündigte, kam es zu einem weiteren, diesmal schriftlichen Dialog:

'Lieber Moshe, lange haben wir nichts voneinander gehört – und dann, ich von Dir, daß Du in Köln unter der Diskussionsleitung von Watzal eine Veranstaltung durch Deine Teilnahme auszeichnest, bei der auch der Hardcore-Antisemit Goebel (ein Taliban- und al-Sadr-Apologet) als Moderator auftreten wird. (Zu Watzal hat Thomas alles Wissenswerte in unserem Buch gesagt.) Ein bisschen traurig und auch ratlos grüßt Dich

Dein Hermann,
der Dir im übrigen nur das Beste wünscht'

'Lieber Hermann, da die israelische Regierung hier inzwischen die Barbarei durchzieht, die israelische Opposition schon seit guten 12 Jahren nicht mehr existiert, israelische Linke zur Einsicht gelangt sind, dass sie den Diskurs ins Ausland tragen müssen (vielleicht wird von dort die 'Erlösung' kommen; im eigenen Land wird's immer enger und immer schwerer, noch etwas zu tun); da zudem die guten deutschen Linken sich einen Scheißdreck um die Barbarei hier kümmern, die antideutschen Arschlöcher die Barbarei der IDF (Israel Defense Forces – HLG) absegnen, muss sich unsereins halt mit dem begnügen, was sich ihm anbietet – mit Goebel und Watzal werde ich schon fertig; mach Dir da keine Sorgen. Was ich aber mit meinen traurig und ratlos gewordenen Freunden anstellen soll, ist mir immer schleierhafter ... Und so ist halt jeder von uns ein wenig traurig und ratlos.

Lieben Gruß,
Moshe'

'Lieber Moshe, nach Deiner Auskunft noch traurig, aber nicht mehr ganz ratlos, will ich als einer der Freunde, von denen Du nicht mehr weißt, was mit ihnen anzustellen, immerhin mitteilen, was keiner, ob Freund oder Feind, mit mir anstellen wird: mich dazu kriegen, gegenüber Antisemiten, zumal deutschen – in jedwedem Zusammenhang, und speziell in einem Israel betreffenden –, ein Auge zuzudrücken. Was die 'Erlösung' von der 'Barbarei' angeht, so werden die in Köln versammelten Nationalsozis nicht mal hilfsweise gebraucht. Der diesbezügliche Messias ist, als Schutzmacht aller Muslime und insbesondere der Palästinenser, Euro-Deutschland selber, sind Schröder, Fischer und (mit der einen verrückten Ausnahme: Springer) die deutschen Medien.

Du bist über die Politik der israelischen Regierung verzweifelt, fühlst Dich verlassen. An Deinen Motiven habe ich keinen Zweifel. Dein politisches Urteil leider ist nicht auf deren Niveau. Vertrau ein einziges Mal dem meinen, und geh, bitte, nicht nach Köln. Du würdest Deine Teilnahme, eher früher als später, bereuen.

Dein Hermann'"

In dem Briefwechsel werden die Gründe deutlich, die einen Dialog zwischen regierungskritischen linken Israelis und israelsolidarischen Linken in Deutschland erschweren. Was Zuckermann hier in Bezug auf die israelische Innenpolitik formuliert, findet sich auch in Stellungnahmen anderer linker Israelis. Gremlizas plausible Einwände gegen Zuckermanns Kooperationspartner_innen, wie den immer wieder mit regressiver Israelkritik hervorgetretenen Politikwissenschaftler Ludwig Watzal und den Chefredakteur der radikalantizionistischen Tageszeitung *Junge Welt* Rüdiger Göbel, könnten auch gegen viele andere israelische Linke gerichtet werden. So hat Felicia Langer den ehemaligen FDP-Politiker Jürgen Möllemann verteidigt, als der sich mit einen explizit antiisraelischen Flugblatt im Bundestagswahlkampf 2002 ins politische Aus katapultierte.

Die Shoah, der Nahostkonflikt und die Linke – das Ende einer Debatte

Wie stark sich der Focus der Antisemitismusdebatte nach den Anschlägen vom 11. September 2002 verschoben hat, zeigt ein Diskussionsbeitrag in der Wochenzeitung *Jungle World*. Das Autor_innentrio Klaus Holz, Elfriede Müller und Enzo Traverso, das sich seit Jahren politisch und wissenschaftlich mit dem Antisemitismus auseinandersetzt, publizierte im November 2002 unter dem Titel „*Schuld und Erinnerung*"[27] einen Text, der sich kritisch mit der Israeldebatte in Teilen der Linken in Deutschland auseinandersetzte.

„Es ist falsch, den Kampf gegen den Antisemitismus mit einer blinden Solidarität mit Israel zu verwechseln. Dieser Irrglaube grassiert in der radikalen Linken. Sie glaubt, nach den Jahrzehnten der Ignoranz – oder schlimmer noch: des linksradikalen, antisemitischen Antizionismus – nun endlich ihre Lektion gelernt zu haben. Tatsächlich presst sie komplizierte Zusammenhänge in ein primitives Denkmodell. Die Schwierigkeit besteht darin, dass der Nahostkonflikt weder unabhängig von der Shoah noch allein aufgrund der Shoah beurteilt werden kann", schreibt das Trio. Die Autor_innen wollten in dem Text untersuchen, „warum es so schwierig zu sein scheint, eine linke Position zu formulieren, in der das Bewusstsein über die nationalsozialistische Judenvernichtung mit einem kompromisslosen Anti-Antisemitismus und einer reflektierten Kritik des Nahostkonfliktes verbunden ist."

Dabei kritisierten sie die bedingungslose Solidarität mit Israel, die seit dem 11. September in großen Teilen der israelkritischen Linken praktiziert wird. Deren Protagonist_innen werfen sie vor, den Nahostkonflikt als Projektionsfläche zu nutzen. Sie warfen einen Blick auf die linke Israeldebatte der 70er und 80er Jahre und konstatieren eine fast bedingungslose Palästinasolidarität, kombiniert mit einem fast grenzenlosen Antizionismus. Hier habe ein Paradigmenwechsel stattgefunden, so die Autor_innen. Die radikale Linke würde nun alle Ereignisse im

---

27 http://jungle-world.com/artikel/2002/46/22867.html

Nahen Osten fast ausschließlich auf die Shoah zurückführen. Als Beispiel führten sie Artikel israelsolidarischer Gruppen und Personen an, in denen die Ursachen für die zweite Intifada der Palästinenser_innen ausschließlich im Antisemitismus und dem Hass auf Israel gesehen, und die israelische Besatzungspolitik fast vollständig ausblendet wird.

Das Trio formuliert im Anschluss einige Überlegungen für einen linken Umgang mit dem Nahostkonflikt:

„Die Solidarität mit den PalästinenserInnen gegen die Militärdiktatur in den von Israel besetzten Gebieten und mit dem Protest der Israelis palästinensischer Herkunft gegen ihre Diskriminierung sollte eigentlich eine Selbstverständlichkeit des linken Internationalismus darstellen. Diese Solidarität schließt selbstredend eine deutliche Kritik aller antisemitischen, völkisch-nationalistischen bzw. islamistischen Töne diverser palästinensischer Strömungen mit ein. Vernünftigen Linken sollte es leicht fallen, zwischen Internationalismus und kritikloser Unterstützung des palästinensischen Befreiungsnationalismus zu unterscheiden und den Antisemitismus im Antizionismus zu erkennen und kenntlich zu machen. Doch die Anfang der neunziger Jahre noch möglichen komplexen Betrachtungsweisen waren anscheinend nur ein kurzes Aufflackern des kritischen Denkens, die wieder binären Positionen Platz gemacht haben. Nur die Fahnen haben gewechselt. ‘Wer nicht für uns ist, ist gegen uns’, sagt eine israelische Regierung, die sich genauso mit Israel gleichsetzt, wie es die VertreterInnen der radikalen Linken in Deutschland tun. Diese Linke kennt keine Unterschiede mehr, nicht einmal zwischen der Regierung und den Regierten, zwischen Klassen, zwischen Frauen und Männern, zwischen EinwandererInnen aus den GUS-Staaten und sephardischen Juden.“

Die Reaktionen von einigen Leser_innen auf diesen Text haben den Autor_innen in ihrer Einschätzung recht gegeben. Er führte zu offenen Briefen, in denen Leser_innen der *Jungle World* mit der Kündigung ihrer Abonnements drohten. Elf Jahre nach der Erstveröffentlichung des Diskussionsbeitrages von Müller, Holz und Traverso sollte die Debatte vor allem über die dort vertretenen Thesen über den linken Umgang mit den Nahostkonflikt neu aufgenommen werden.

Diskursive Grauzonen und die Fallstricke der Solidarität. Ein Gespräch mit Peter Ullrich

Noch vor 25 Jahren regten Israel-Boykott-Parolen an den Wänden der Hamburger Hafenstraße nur einen kleinen Teil der linken Öffentlichkeit auf. Heute vertritt nur noch eine verschwindende Minderheit innerhalb der antiimperialistischen Linken solche Parolen. Was war der Grund für diese Verschiebungen im Diskurs um Israel?

Nunja, Diskussionen um die linken Positionierungen zu Israel gibt es schon lange. Spätestens seit Mitte/Ende der sechziger Jahre die Linke auf Anti-Israel-Kurs ging, gab es immer wieder auch kritische Stimmen. Innerhalb der radikalen Linken aber gab es nie so einen dauerhaften anti-antizionistischen Gegenpol, wie er sich nun seit etwa zwanzig Jahren mit den Antideutschen – zugegeben ein etwas grobes Schlagwort für eine im Rückblick auch nicht homogene Strömung – etabliert hat. Ein großer Teil der Diskussion um Antisemitismus, Israel, Shoah usw. stellte sich als eine „Antideutschendiskussion" dar. Der Eindruck, die Diskussion und die dadurch ausgelösten Reflexionsprozesse würden wir den Antideutschen verdanken, ist nicht ganz falsch, aber er unterbelichtet eine Struktur, von der das Auftauchen der Antideutschen und der mit ihnen assoziierten Diskurse nur ein Ausdruck ist.

Zunächst einmal muss man festhalten, dass in allen Lagern der politischen Linken (ich unterscheide Sozialstaatslinke, Traditionskommunismus, radikale Linke und das Feld der Neuen Sozialen Bewegungen[28]) Akteure gibt, die sich Solidarität mit Palästina auf die Fahnen geschrieben haben und solche, die israelsolidarisch sind. Nur im traditionskommunistischen Bereich spielen die Israelfreund_innen fast gar keine Rolle. In allen anderen sind die Konfliktpole in Arbeitskreisen, Vereinen,

---

28 Ullrich, Peter: Die Linke, Israel und Palästina. Nahostdiskurse in Großbritannien und Deutschland. Berlin, Dietz, 2008. Download: http://www.rosalux.de/fileadmin/rls_uploads/pdfs/Texte_48.pdf

institutionalisierten Austauschprogrammen usw. organisiert. Damit ist der Konflikt um Nahost schon da.

Vor allem aber hat die Präsenz dieses Themas *als Konflikt* natürlich etwas mit der deutschen politischen Kultur zu tun. Es gibt eine Dauerspannung zwischen zwei relevanten diskursiven Kontexten, die ich „diskursive Gelegenheitsstrukturen" nenne. Der eine Kontext ist die politisch-ideologische Verortung in der Linken. Dieser impliziert eine pro-palästinensische Orientierung, die mit dem realen Machtungleichgewicht zwischen Israel und den Palästinenser_innen und der Besatzung ebenso viel zu tun hat wie mit diversen linken Traditionsbeständen. Denn eine gewisse antizionistische Voreingenommenheit ist schon entstanden, bevor der Nahostkonflikt als solcher in den Blick der Weltöffentlichkeit geriet. Diese Vorprägung, verbunden mit menschenrechtlichen, völkerrechtlichen, antiimperialistischen, antikolonialistischen und weiteren linken Bezugsrahmen, führt zur dominanten Palästinasolidarität.

Und der deutsche Kontext wirkt in eine andere Richtung?

Im *deutschen* politischen Kontext ist der dominante Anschlussdiskurs die Erinnerung an Nationalsozialismus und Shoah, was die gesamte ideologische und institutionelle Struktur der Bundesrepublik auf komplexe Weise mit geprägt hat. Dieser Diskurs legt andere Deutungsmuster und Sensibilitäten nahe, also beispielsweise hinsichtlich Antisemitismus, deutscher Verantwortung usw.

Im realen Nahostkonflikt gibt es dauerhaft sehr komplexe und ambivalente Situationen. In der Einschätzung des Konflikts legen diese beiden diskursiven Gelegenheitsstrukturen oder Vorprägungen (links sein und in Deutschland zu sein) *andere* Urteile nahe und diese lassen sich oft nicht in ein kohärentes Bild bringen. Folgende Dilemma-Situationen sind dafür typisch: Was, wenn die jüdischen Opfer, für die man Empathie empfindet zu Tätern werden? Was, wenn die palästinensischen Kämpfer_innen gegen Besatzung ihre Ohnmachtssituation mit Verschwörungstheorie oder Judenhass kompensieren? Es ist am Ende diese Dauerspannung zwischen den moralischen Imperativen zweier unterschiedlicher für deutsche Linke relevanter diskursiver Kontexte, die die Debatte in der Bundesrepublik bestimmt.

Wie wird mit dieser Widersprüchlichkeit umgegangen?

Die Folgen dieser problematischen Ausgangssituation sind divers. Zunächst gibt es sehr extreme Positionierungen, sowohl Israelsolidarität als auch Palästinasolidarität in einer Radikalität, Militanz und einem Manichäismus, also einem Gut-Böse-Denken, dessen Ursachen darin zu suchen sind, dass die widersprüchliche (und somit schwer zu ertragende) Situation einseitig aufgelöst wird.

Andererseits führt die Dauerspannung und die damit zusammenhängende Unsicherheit auch zu vielen Metadiskussionen, die eine Selbstvergewisserungsfunktion für die tangierten Milieus erfüllt. Ein Großteil des (linken) deutschen Diskurses ist also nicht eine Auseinandersetzung mit dem Nahostkonflikt, sondern eine über *den Umgang mit* dem Nahostkonflikt.

Aber selbst die Extreme, die Überidentifizierten, tragen am Ende zur Komplexität der deutschen Debatte bei, in der nach meinem Eindruck antisemitische und radikal-antizionistische Positionen marginaler werden. Das stete Aufeinanderprallen unterschiedlichster Deutungen, die gedankliche Vorwegnahme von sicher zu erwartendem Widerspruch auf jede Positionierung zur Thematik – all das führt zumindest dazu, dass man sich argumentativ „wappnen" muss, selbst komplex argumentieren muss und nicht jede Plattheit einfach so äußern kann. Das führt bei manchen zu Vorsicht, auch Übervorsichtigkeit, aber auch zur Stärkung der Komplexität eigener Argumente und somit zu Lernprozessen.

Wie ist deiner Einschätzung nach heute die Situation?

Schrittweise ist nach einer eindeutig anti-israelischen Phase (ab Mitte der 60er Jahre) und einer Phase mit (auch) einer militanten Israelsolidarität (ab Anfang der 90er Jahre) wiederum eine Mäßigung bei vielen erreicht worden. In den vergangenen

Jahren haben sich viele Leute eher vermittelnden „Zwischenpositionen“ zugewandt, sind bspw. weder israelfeindlich oder antisemitisch, noch Apologeten der Besatzungspolitik. Bei einigen war dies Resultat eines persönlichen Lernprozesses innerhalb der linken Auseinandersetzung. Der Modus dieses persönlichen Lernens war der beschriebene: sich auf einen komplexen, herausfordernden Diskurs beziehen und in ihm bestehen zu müssen, erfordert Zugeständnisse. Diese zunächst oft vielleicht nur strategischen Zugeständnisse erweitern aber den eigenen Reflexionsraum und öffnen Möglichkeiten der Überwindung eigener Blockierungen. Der Großteil des Wandels vollzog sich aber sicher nicht bei einzelnen Aktivist_innen, sondern im Wechsel der (politischen) Generationen. Gerade die häufige physisch und psychisch harte Konfrontation der Lager um die Jahrtausendwende führte dazu, dass viele angewidert waren von Bekenntniszwang, Fahnenschwenken und Identitätshuberei. Nachwachsende Generationen konnten zudem aus beiden extremen Identifikationsmustern (100 Prozent pro-Israel & pro-Palästina) wählen und sich v.a. einen eigenen Reim drauf machen. Diese Situation war für radikale Linke erstmals gegeben, als sich mit den israelsolidarischen und antiantisemitischen Antideutschen eine Alternative etabliert hatte.

Man darf aber deswegen nicht glauben, dass die heutigen „bekennenden“ Antideutschen die einzigen waren, die vom weltbildhaften Antizionismus der 70er und 80er Jahre aufgebracht waren.

In fast allen Nachbarländern ist der Diskurs zum Nahen Osten noch ähnlich wie in Deutschland Ende der 80er Jahre. Du hast die Debatten im Großbritannien untersucht. Wo siehst Du die größten Unterschiede?

Während man hierzulande streitet, mit welcher Seite im Konflikt man sich solidarisiert, lautet die Frage in Großbritannien nur, wie sehr man sich auf die Seite der Palästinenser_innen stellt und wie hart man Israel kritisiert, bzw. welche Mittel des Kampfes man für gerechtfertigt hält, also beispielsweise, ob man auch Anschläge in Israel akzeptiert bzw. sich dazu zumindest einer offenen Positionierung enthält. Ein weiterer Strang der Auseinandersetzung dreht sich um die angestrebte Lösung (Zwei-Staaten-Lösung oder binationaler Staat). Insgesamt dominiert dort eine israelkritische bis israelfeindliche Position, in der an vielen Stellen Anschlüsse an den Antisemitismus bestehen. Das zeigt sich in der Obsession mit Palästina, inbesondere bei der *Socialist Workers Party*, der größten linken Organisation außerhalb von Labour, in einer radikalen Bildsprache, die auch mal aus dem Reservoir des Antisemitismus schöpft, in einseitigsten Betrachtungsweisen, im Hofieren von dubiosen Israelhassern und damit Kooperation mit reaktionären und z.T. offen antisemitischen Kräften. Das stellt sich ähnlich wie in Teilen des traditionellen antiimperialistischen Spektrums der Bundesrepublik dar, nur dort ungefiltert und ungebrochen durch die erinnerungspolitischen Deutungsmuster, die bei uns dazwischen kommen. Das heißt, dass die Positionierungen vergleichbarer antiimperialistischer Organisationen in Großbritannien noch radikaler ausfallen als Positionierungen ihrer deutschen Schwesterorganisationen. Mir ist beispielsweise aufgefallen, dass in Interviews, die ich in Großbritannien geführt habe, kaum auf israelische Interessen und Sorgen eingegangen wurde – ganz anders als in den deutschen Interviews.

Trotzdem sollte man nicht denken, dass keine Diskussionen stattfinden. Es gibt linksliberale und akademische Kritiker_innen des Antizionismus, die beispielsweise gegen die immer wieder auflebenden Versuche eines akademischen Boykotts gegen Israel ankämpfen. Und es gibt kleine trotzkistische oder leninistische Gruppen, wie die *Alliance for Workers Liberty* und die *Communist Party of Great Britain*, die bei einer ablehnenden Haltung gegenüber der Besatzungspolitik doch nicht alle Gegner_innen Israels hofieren und bspw. Koalitionen mit Islamist_innen ablehnen und sich für eine Zwei-Staaten-Koexistenz stark machen. Auch im libertären, anarchistischen Milieu gibt es viele, die einfach offener und nicht so fanatisch sind wie die Hardcore-Antizionisten_innen.

Was sind die Ursachen für diese Gestalt der Debatte?

Auch hier sind die Ursachen z.T. im nationalen Kontext zu finden. Die britische Linke formierte sich *in einem* und *gegen ein* weltweites Imperium. Anti-Imperialismus und Antikolonialismus waren mehr als in Deutschland Konstitutionsmoment linken Engagements. Das erwies sich als Möglichkeit wie als Begrenzung des Denkens. Gerade nach dem 11. September 2001, als hier die Antideutschen einen diskursiven Aufwind hatten und große Teile sich unter dem Motto „Fanta statt Fatwa" endgültig in Richtung einer bürgerlichen, anti-muslimischen Israelsolidaritätsbewegung entwickelten, entstand in der britischen Linken ein Bewusstsein für die Folgen, die diese Ereignisse für Muslime haben würden. Ganz schnell war der Kampf gegen antimuslimischen Rassismus und Krieg zentrales Thema. Britische Linke kämen, anders als manche deutsche, nicht auf die Idee, die Palästinenser_innen als „Horden" zu bezeichnen oder sich über ihre Kleidungsstücke lustig zu machen (Stichwort „Pali-Lappen", abwertend für die Kuffijah oder das „Pali-Tuch"). Auch hier waren aber die Folgen ambivalent. Die Kehrseite von Sensibilität und Solidarität waren Aufweichung des Säkularismus und Zurückstellung anderer emanzipatorischer Forderungen (bspw. Kampf gegen Homophobie), um mögliche muslimische Wähler_innen nicht zu verschrecken, und der schon erwähnte Flirt mit reaktionären Elementen, wenn diese nur auch gegen die USA und Israel waren.

Man sieht daran, dass beide Kontexte besondere Sensibilitäten und somit andersartige ideologische Komplexität hervorbringen (in der Bundesrepublik gegenüber jüdischen Interessen und Antisemitismus, in Großbritannien gegenüber Muslimen und antimuslimischem Rassismus), dies aber mit der rassistischen Abwertung der wahrgenommenen „anderen" Seite einhergehen kann. Die eigene Stärke ist auch die eigene Schwäche.

Welche Rolle hat die israelsolidarische Linke bei der Diskursverschiebung gespielt, und könnte man nicht trotz aller Kritik, die an ihr geübt wurde, bescheinigen, dass sie auch Verdienste hatte und Nazivergleiche in Bezug auf Israel heute bis weit ins antiimperialistische Spektrum unterbleiben?

So kräftezehrend und oft schmerzhaft der antideutsche Furor auch oft war und ist, so nötig war er wohl auch. Ohne eine solche Zuspitzung hätte es vielleicht nicht eine so nachhaltige Auflockerung des weltbildhaften Antizionismus in der deutschen Linken gegeben. Doch neben den m.E. erfreulichen „Zwischenpositionen" gibt es ja auch weiterhin die extremen Ränder. Und da gibt es eine m.E. unzulässige, aber sehr wirksame und stabile diskursive Themenkoalition. Auf der einen Seite stehen die Israelfreund_innen und Antisemitismuskritiker_innen, die auch und gerade den Antizionismus und ggf. Antisemitismus in der Linken thematisieren, aber palästinensische Interessen mit Füßen treten. Auf der anderen Seite stehen die Palästinafreund_innen, die häufig die vorgebrachten Vorwürfe in Bausch und Bogen verurteilen und nicht selten Antisemitismus bagatellisieren und simplifizieren. Diese Lager können nicht miteinander kommunizieren, wehren einander reflexhaft ab und reduzieren einander, indem sie sich nicht ernstnehmen, auf ihre irrationalen Momente.

Man müsste aber den intentionalen Kern ihrer Positionierungen freilegen, um sie wirklich zu würdigen. Die Motive der meisten pro-palästinensischen Aktivist_innen würde ich klar als richtig, wichtig und legitim einordnen. Besatzung und Entrechtung darf nicht hingenommen werden. Aber man muss auch sehen, dass oft Äußerungsformen und Argumentationsmuster zur Anwendung kommen, die kritikwürdig bis untragbar sind.

Wo siehst Du die Grenzen des Legitimen?

Der Lackmustest ist für mich, ob es den Aktivist_innen nur um die Wiederherstellung historischer Gerechtigkeit geht, die ihren Ausdruck oft in den aufbewahrten Schlüsseln palästinensischer Flüchtlinge findet, welche die Sehnsucht nach ihrem (i.d.R.

nicht mehr existenten) Heim im heutigen Israel symbolisieren, oder, ob genauso die Lage und berechtigten Interessen *aller* heute in der Region lebenden Menschen zum Ausgangspunkt des Engagements gemacht wird. Ein emanzipatorisches Engagement zielt auf Gerechtigkeit, Entschädigung, Entschuldigung einerseits und Versöhnung sowie Ausgleich andererseits.[29] Und genau an dieser Stelle trifft die u.a. von Antideutschen formulierte Kritik, die ja einer der wichtigen Ausgangspunkte ihrer Entstehung und v.a. Festigung als politische Strömung ist, ins Schwarze: bei unreflektiertem Bejahen des Befreiungsnationalismus und seiner doch meist ambivalenten und oft auch reaktionären Akteure oder der ‚arabischen Kultur' und eben auch in dem Beharren auf nur *historisch verstandener* Gerechtigkeit, die auf dem Altar der Identifikation mit den Palästinenser_innen die Interessen und Sorgen der israelischen Bevölkerung opfert. Beide Grundmotive (die Kritik an der Besatzung und die an der falschen Besatzungskritik) sind ernstzunehmen. Ohne Anerkennung dieser wird der Streit wohl noch lange Andauern. Und er ist auch nicht administrativ zu lösen, wie dies beispielsweise die Führung der Fraktion der *LINKEN* im Bundestag versuchte, als sie im Streit um Antisemitismus in der Linkspartei im Jahr 2011 einzelne Aktionen oder Forderungen (wie die nach einem binationalen Staat für Israelis und Palästinenser_innen) *per se* in den Ruch des Antisemitismus brachte, obwohl diese sich einer einfachen Einordnung widersetzen, sondern sehr unterschiedliches bedeuten können.

Die Antideutschen haben also bestimmte Positionen in der Linken gestärkt oder mit hervorgebracht. Dazu gehört die Kritik am Befreiungsnationalismus und an der Nation generell, die Kritik des Kulturrelativismus, eine Betonung des Individualismus und Hedonismus, eine Betonung des zentrumslosen

29 Zu konkreten Kriterien für eine universalistische, nicht antisemitische Kritik vgl. Ullrich, Peter: Antisemitismus, Shoa und deutsche Verantwortung. Die Nachwirkungen des Nationalsozialismus im deutschen Nahostdiskurs. in: Vogler, Kathrin; Forberg, Martin; Ullrich, Peter: Königsweg der Befreiung oder Sackgasse der Geschichte? BDS | Boykott, Desinvestition und Sanktionen. Annäherungen an eine aktuelle Debatte. Berlin, AphorismA Verlagsbuchhandlung, 2011, S. 36.

Charakters des Kapitalismus, die ideologiekritische Analyse von Antisemitismus. Gleichzeitig haben sie ein Strukturdilemma. Ihre Kritik richtete sich von Anfang an fast genauso gegen die Linke wie gegen die deutsche Mehrheitsgesellschaft. Dieser Duktus wurde zum Habitus, ja zum Korsett. Die Folgen sind nur konsequent. Ein Teil verabschiedete sich aus der Linken und landete im konservativen bis rechten Lager. Bei einem großen Rest ist die abstrakte Begeisterung für den Kommunismus mit einer tiefsitzenden Feindschaft gegenüber allen Versuchen und Wegen, die dorthin führen könnten, verbunden – aufgrund eines moralischen Maximalismus und Rigorismus, der aus den Ambivalenzen transformatorischer Politik den fatalistischen Schluss zieht, dass Agieren sich auf Negation, Destruktion, Kritik und Kommentar beschränken müsse. Wie bei Horkheimer und Adorno in der *„Dialektik der Aufklärung"* wird die Kritik als Flaschenpost ohne konkrete Adressat_innen verstanden, nur in einer historisch komplett anderen Situation und einem nicht vergleichbarem Erfahrungshintergrund. Damit schließen die Antideutschen auch an bestimmte esoterische und elitäre theoretische Traditionen an, die im westdeutschen Linksradikalismus immer eine große Rolle spielten. Diese wurzeln in der gesellschaftlichen Isolierung der Linken und diese wiederum historisch in der Zerschlagung der Arbeiter_innenbewegung im Nationalsozialismus und im Antikommunismus der alten BRD.

Du hast ja bereits früh in deinen Schriften linken Antisemitismus, aber auch eine bestimmte Lesart der Antisemitismuskritik moniert. Was sind deine Hauptkritikpunkte?

Es gibt eine interessante Parallele zwischen der militanten Israelsolidarität und der 150-Prozent-Palästinasolidarität. Beide sind Resultat eines Radikalisierungsprozesses der Identifikation mit einer Opfergruppe. Am Ende der Radikalisierung wurde jeweils ein Grad der Identifikation erreicht, den ich Überidentifikation nenne, weil hier die Grenzen zwischen einem selbst und dem Objekt der Identifikation komplett verschwimmen. Die Kehrseite dieser Entwicklung ist häufig die rassistische Abwehr der Gegner der eigenen Zielgruppe. Was auf der Strecke bleibt, ist eine wirklich universalistische Positionierung. Im Argumentieren für das gute Recht des Handelns der einen oder anderen Seite (wer hat angefangen, den ersten Stein geworfen usw.) ist oft zu wenig Platz zur Analyse der generellen Konfliktmechanismen. Zu diesen allgemeinen Folgen des langen Krieges gehört bspw. die Verrohung und die Zuspitzung und Ideologisierung der Feindbilder. Diese lassen die Frage nach dem Anfang für einen kühlen Betrachter immer mehr in den Hintergrund treten. Ihre Analyse erfordert mehr als den Nachweis von Antisemitismus als ideologisches, und am besten noch aus Deutschland importiertes Motiv (die antideutsche Variante) oder von israelischer Urheberschaft an *allen* Missständen (die antizionistische Variante). Doch stattdessen solidarisiert man sich häufig sogar mit den jeweiligen Rechten der „eigenen" Fraktion.

Zur Kritik an den Obsessionen der Palästinasolidarität hab ich mich oben schon am britischen Beispiel geäußert. Da gibt es jedenfalls auch Leute, die kämpfen nicht für eine bessere Welt, sondern für die Suche nach weiteren Beweisen für die israelische Malaise, was auch leider nicht so schwer ist.

Bei den militanten Israelfreund_innen stößt mir besonders dieses ideologische Verfangensein in der Situation von 1933-1945 auf (so ähnlich hat es, glaube ich, Robert Kurz mal formuliert), der Zwang alle Ereignisse auf die antideutschen ideologischen Fixpunkte (meist schlicht: Antisemitismus) zu reduzieren oder diese Deutungsmuster unzulässig zu generalisieren, was dann zu so absonderlichen Konstrukten führt wie „struktureller Antisemitismus" (nicht gemeint: strukturelle Anschlussfähigkeit), also Antisemitismus, der sich *nicht* gegen Jüdinnen und Juden richtet. Man lebt dann in einer Welt, in der nur von deutschem Geist beseelte Antisemit_innen ihr Unwesen treiben und alle anderen Aspekte linker Kritik werden als bestenfalls sechstrangig abgetan oder schlicht ignoriert. Stabilisiert wird dieses Weltbild durch eine Mystifikation Israels. Die Vision von der „einzigen Demokratie im Nahen Osten" wird zu einem affirmierten Zerrbild von Israel, welches bestenfalls etwas mit dem Nachtleben von Tel Aviv zu tun hat. Nicht in dieses Bild passen einerseits die Brutalität und auf dauerhafte Erniedrigung der Palästinenser_innen ausgerichtete Kontinuität und

Vertiefung der Besatzung und andererseits die extrem autoritäre Entwicklung in Israel selbst (von der Geschlechtersegregation, dem extrem chauvinistischen Großmachtdiskurs und offiziellen Rassismus bis hin zum in aller Eile voranschreitenden Sozial- und Demokratieabbau).

Damit schlägt die Kritik doppelt in ihr Gegenteil um. Repressivste Verhältnisse werden, wie geschildert, banalisiert. Und die berechtigte Kritik, die Israelfreunde an den falschen Gründen und falschen Argumenten der Israelhasser geübt haben, sowie der harte Streit darum, führt auch dazu, dass Israel nun häufig mit Samthandschuhen angefasst wird, wo schonungslose Kritik – eingedenk der Tatsache, dass die israelfeindliche Hegemonie gebrochen ist – angebracht wäre. Doch diese Situation ist vielleicht besser als die unreflektierte und einseitige Hegemonie der Israelfeinde.

Aber eine so problematische Debatte gibt es ja nicht nur in der Linken ...

Man muss sich, wenn man die deutsche linke Debatte verstehen will, bewusst machen, dass die Muster dieser Identifikation mit den Konfliktparteien in der Bundesrepublik auch außerhalb der Linken vorhanden sind. Sie schöpfen u.a. aus den Quellen des Antisemitismus und insbesondere des sekundären Antisemitismus (des Antisemitismus wegen Auschwitz), des Philosemitismus (die international anerkannte Art, die Schatten der deutschen Vergangenheit von sich abzuwerfen) und der Abwehr dieses Philosemitismus. Der regierungsamtliche Philosemitismus und die Tatsache, dass er auf äußert tönernen Füßen steht, weil er nur eine Phrasenhafte Kaschierung einer widersprüchlichen Situation darstellt, tragen mit dazu bei, dass die Antisemitismusdiskussion in der Bundesrepublik einer kriminalistischen Logik folgt,[30] deren Ziel es ist, Menschen zu

30 Erb, Rainer; Kohlstruck, Michael: „Eine Anmerkung zur aktuellen öffentlichen Diskussion um Antisemitismus“. Abgerufen Januar 25, 2012 (http://zfa.kgw.tu-berlin.de/lehrmaterial/dateien/AS_Debatte_30_05_2006.pdf)

überführen, zu entlarven und dann aus dem Diskurs auszuschließen. Denn Ausschluss und Stigmatisierung fällt einem leichter, als sich dem Thema zu stellen und sich selbst zu hinterfragen. Bei Antisemit_innen ist Ausschluss auch das richtige Rezept. Aber wie geht man mit dem riesigen Graubereich um? Das ist die Herausforderung.

Erkläre doch bitte mal dein Konzept der „Grauzone"!

Ich wende mich der Problematik aus einer wissenssoziologischen und diskursanalytischen Perspektive zu, also aus einer wissenschaftlichen Sicht, die einerseits die handelnden Menschen mit ihren Einstellungen, ihrem Wissen und ihren Interaktionen untersucht, wie auch die überindividuellen, gesellschaftlichen Wissensstrukturen.

Und da wird deutlich, dass die verschiedenen Ebenen weit auseinanderfallen können. Ich unterscheide bei der Analyse von politischen Bewegungen konkret drei Ebenen: eine *strategische* Ebene (die Intentionen und politischen Ziele von Aktivist_innen und Gruppen), eine *expressive* Ebene (was drückt die Wahl bestimmter Argumentationsmuster, Bilder oder Handlungsformen aus, was sagt sie über die, teils unbewussten, Prägungen von Akteuren in *ihrem* politischen Kontext, also über ihre sozialen Hintergründe) und eine Rezeptionsebene (wie werden die Bewegung und ihre Inhalte, bspw. Flugblätter, gedeutet oder diskursiv anschlussfähig). Die Frage nach dem antisemitischen Charakter bspw. eines Flugblattes oder einer Karikatur kann u.U. auf allen drei Ebenen unterschiedlich beantwortet werden. So kann eine aus subjektiver Sicht ganz klar nicht antisemitisch gemeinte Aussage durchaus (unbewusst) auf antisemitische Semantiken (die Teil der politischen Kultur und der Medienöffentlichkeit sind) zurückgreifen oder von anderen antisemitisch verstanden werden.

Kann man daraus etwas für die Gestaltung der linken Debatte lernen?

Ja! Weil es so komplex ist, braucht die Linke Selbstreflexion anstelle schneller Ausschlüsse, Verurteilungen und dauerhafter Anklagen, in denen Vergleiche mit dem Nationalsozialismus heute manchmal fast so schnell zur Hand sind, wie in den 70er Jahren in der antizionistischen Israelsicht, nur diesmal gegen die Palästinenser_innen, Muslime oder ihre linken Unterstützer_innen gerichtet. Es müssten stattdessen Orte oder Reflexionsräume geschaffen werden, wo man in solidarischer Atmosphäre darüber nachdenken kann, wie man beispielsweise an antisemitischen ideologischen Strukturen und Praxen teil hat, so wie dies in der Reflexion über Rassismus selbstverständlich ist. Man kann auch als Antirassist_in nicht einfach von sich behaupten, mit der rassistischen Strukturierung unserer Gesellschaft nichts zu tun zu haben, als wäre man im luftleeren Raum aufgewachsen. Gleiches gilt auch für den Antisemitismus. Diese Deutung erfordert reflexive Praxen – und Ausschluss nur dann, wenn klar eine Grenze überschritten ist. Doch die meiste Zeit bewegt man sich eher in einer Grauzone, in der es verschiedene Problemaspekte gibt, über die wir ja schon gesprochen haben. Nur ein Teil davon ist Antisemitismus. Und für diesen braucht man einen Begriff (als verschwörungstheoretisches, judenfeindliches Weltbild). Nicht jede falsche oder übertriebene Charakterisierung Israels lässt sich da einfach subsummieren.

Zudem wünsche ich mir eine Beschäftigung mit den anderen Problemstellen der Nahostsolidarität jedweder Couleur (Rassismus, Bellizismus, Kulturalismus, Partikularismus, die Rolle der Identifikations- und Radikalisierungsprozesse). Der Auseinandersetzung mit Antisemitismus kommt dabei weiter eine zentrale Stellung zu, solange beispielsweise Jüdinnen und Juden für die israelische Politik in Haftung genommen werden. Doch mit diesem Begriff ist beileibe nicht das ganz Feld verstanden.

Zudem ist die Bedeutung des nationalen, also deutschen Bezugsrahmens unserer Debatte anders als bisher zu würdigen. Wir müssen zum einen anerkennen, dass wir hier sozialisierte und geprägte Menschen sind, die damit bestimmte „Erbschaften" aufgenommen haben. Alle Seiten müssen sich dessen bewusst sein, wie ihre Nahostpolitik eben nicht nur Ausdruck von Analyse oder Theorie ist, sondern auch Ausdruck vieler, teils unbewusster Prägungen, die als überindividuelle Strukturen von den einzelnen immer schon vorgefunden werden. Das *für sich selbst* zu reflektieren ist leider nicht selbstverständlich. Damit wird aber viel so genannte Theorieproduktion dekonstruierbar, bzw. in einen historisch-konkreten Bedingungszusammenhang gestellt. Und damit ist auch ein Ansatzpunkt für kritische Selbstreflexion vorhanden. Zum zweiten muss vielen noch mehr bewusst werden, dass wir auch zum großen Teil *hier politisch handeln* (und nicht im realen Nahostkonflikt). Also müssen wir uns in der politischen Ausrichtung auch auf den deutschen politischen Kontext beziehen, weil wir zuerst hier wirken und wahrgenommen werden. Die Überidentifizierten beider Pole erwecken manchmal den Eindruck, sie führten ausschließlich die Kämpfe anderer.

Welche Rolle könnte in Zukunft eine Kritik am linken Antisemitismus spielen?

Wie es sein wird, weiß ich natürlich nicht; dass der Streit weitergehen wird, ist aber plausibel. Und es ist auch gut, dass der Streit weitergeht, so lange es in der Linken Menschen gibt, die davon besessen sind, alles Unheil in der Welt Israel oder den Jüdinnen und Juden anzulasten (wobei es in der Linken heute, anders als im bspw. stalinistischen antizionistischen Antisemitismus, eigentlich nur ersteres gibt). Denn zum einen ist dieses Denken zumindest anschluss*fähig* an den Antisemitismus und knüpft teilweise direkt an ihn an, gibt dem Antisemitismus damit eine scheinbar rationale Begründung. Zum zweiten führt diese extreme Fokussierung auf Israel zu einem Partikularismus, hinter dem universelle emanzipatorische Ziele verschwinden. Wenn die Befreiung der Palästinenser_innen von der Besatzung zum alleinigen Zweck und damit Israel zum alleinigen Übel wird, gehen wichtige allgemeine theoretische und normative Bezugspunkte, nämlich die Kritik an Kapital, Staat, Nation, Religion, Patriarchat verloren. Und das gleiche gilt, wenn die

Antisemitismuskritik zum beliebig einsetzbaren Herrschaftsinstrument verkommt. Deswegen müssen wir uns auch noch viel mehr mit dem Umschlagen dieser Kritik in rassistisches Ressentiment beschäftigen.

Regressive Israelkritik und regressiver Antizionismus – ein Vorschlag zur Versachlichung der Diskussion

In diesem Kontext sollen die an mehreren Stellen in diesem Buch verwendeten Termini der regressiven Israelkritik bzw. des regressiven Antizionismus noch einmal genauer begründet werden. Sie könnten zu einer Versachlichung der Debatte beitragen, weil sie eine Kritik an konkreten Maßnahmen der israelischen Politik von einer Position unterscheiden, die die Verwendung von Doppelstandards sowie eine Dämonisierung und Delegitimierung Israels zur Folge hat und damit regressiv ist. Natürlich werden auch hier die Grenzen immer strittig und umkämpft sein. Auch bei einer Debatte über den Antizionismus würde mit dem Adjektiv regressiv deutlich gemacht, dass es sowohl in der religiösen, wie auch in der linken jüdischen Geschichte, immer antizionistische Strömungen gab und gibt. So argumentieren einige Rabbiner mit Talmudzitaten gegen den Zionismus. Linke Antizionismusvorstellungen sind hingegen oft in anarchistische, sozialistische oder kommunistische Befreiungsvorstellungen eingebettet. In den Zielvorstellungen eines binationalen Staates Israel/Palästina mit gleichen Rechten für alle dort wohnenden Menschen scheinen diese Vorstellungen eines mit Herrschafts- und Machtkritik kombinierten Antizionismus auch heute auf. Sie werden in der Regel getragen von kleinen linken Gruppen in Israel und der jüdischen Diaspora. Wenn solche Vorstellungen heute auch utopisch erscheinen, wie auch viele andere linken Projekte in allen Teilen der Welt, so können sie doch weiterhin ein Bezugspunkt für Menschen sein, die den Kampf für ein Leben ohne Herrschaft, Ausbeutung und Unterdrückung nicht aufgegeben haben. Es gibt keinerlei Grund für eine Pauschalablehnung dieser Form von Antizionismus, wie sie in Teilen der israelsolidarischen Linken in den letzten Jahren postuliert wurde. Vor fünfzehn Jahren konnte man auf Flugblättern von israelsolidarischen Gruppen bisweilen die Forderung lesen, es gelte alle Staaten weltweit abzuschaffen, Israel aber zuletzt. Die Formulierung hatte etwas Befremdliches, wenn sie von einer Antifagruppe aus Deutschland kam, die ein etwas schematisches Befreiungsprojekt für den Nahen Osten aufzeichnete. Doch in den unbeholfenen Formulierungen blitzte noch die Hoffnung an eine Zukunft auf, in der auch im Nahen Osten Perspektiven der Befreiung von Macht und Herrschaft für alle dort lebenden Menschen wieder möglich sind. Diese Utopie kann natürlich erst in einer Zeit verwirklicht werden, in der rassistische und antisemitische Strömungen im Nahen Osten gesellschaftlich isoliert sind. Allerdings kann die Basis für eine solche Entwicklung schon heute gelegt werden, wenn es relevante linke Strömungen gibt, die sich binational organisieren und jedem Antisemitismus und Rassismus eine entschiedene Absage erteilen. Das ist übrigens die Grundvoraussetzung, wenn die Perspektive eines binationalen Staates in der Zukunft eine reale Grundlage haben soll. Eine solche Politik schließt eine Solidarität mit den Flüchtlingen aus Afrika und Asien mit ein, die in Israel, wie in allen Ländern der Umgebung, massiven Diskriminierungen ausgesetzt sind.

In der israelsolidarischen Linken traten dagegen in den letzten Jahren solche Projekte einer langfristigen Befreiungsperspektive für alle in Regionen des Nahen Ostens lebenden Menschen immer mehr in den Hintergrund zugunsten realpolitischer Erwägungen. Israel ist bedroht und muss sich verteidigen, heißt es oft kurz und knapp zur Begründung. In dieser Vorstellung werden dann schnell sämtliche antizionistischen Konzepte als modernisierte Form des Antisemitismus verworfen. Der hier vorgeschlagene Terminus vom regressiven Antizionismus könnte auch hier zu einer Versachlichung der Debatte beitragen. Er würde der Tatsache Rechnung tragen, dass es sehr unterschiedliche Formen von Antizionismus gab und gibt und nur ein Teil davon regressiv ist. Den gilt es zu erkennen und zu bekämpfen. Denn er enthält oft mehr oder weniger starke Elemente von Antisemitismus, aber er ist eben nicht mit diesem identisch. Für eine Debatte ist auch hier die Trennschärfe wichtig. Dass zeigte sich in den letzten Monaten immer wieder. Fast im Wochenrhythmus wurde in den Medien darüber diskutiert, ob die Israelkritik von Günther Grass, ein Interview von Judith Butler oder ein *Spiegel-Online*-Kommentar von

Jakob Augstein antisemitisch sind. Auch hier wären die vorgeschlagenen Kategorien von der regressiven Israelkritik bzw. dem regressiven Antizionismus nützliche Kategorien für eine differenzierte Debatte.

Ein weiteres Kennzeichen für eine regressive Israelkritik bzw. einen regressiven Antizionismus besteht darin, ausschließlich die israelische Politik in den Fokus der Kritik zu stellen und dabei die Akteuer_innen auf palästinensischer Seite zu unterschlagen. Wenn beispielsweise der *Spiegel-Online*-Kommentator Jakob Augstein den Gazastreifen als israelisches Lager bezeichnet, vergisst er, dass sich das israelische Militär aus der Region längst zurückgezogen hat. Dafür hat dort die reaktionäre Hamas die Macht und diverse weitere islamistische Gruppen attackieren israelisches Territorium regelmäßig mit Raketen. Wer darüber schweigt und ausschließlich die israelischen Reaktionen kritisiert, bewegt sich ebenfalls in der Nähe einer regressiven Israelkritik. Hinter einer solchen einseitigen Kritik der israelischen Seite steht oft ein grundlegenderes Problem. Viele Freund_innen des palästinensischen Befreiungskampfes haben Schwierigkeiten, den Zionismus ebenfalls als eine nationale Befreiungsbewegung anzuerkennen. Stattdessen werden mit antisemitischen Motiven garnierte Verschwörungstheorien über die angeblich weltumspannende Macht des Zionismus weitertradiert. Deshalb ist für eine Ablehnung eines regressiven Antizionismus bzw. einer regressiven Israelpolitik wichtig, den Konflikt aus den internationalen Diskursen herauslösen, der eine Regelung im emanzipatorischen Sinne so schwierig macht. War es zunächst der Kalte Krieg, der den Nahostkonflikt überformte, so ist seit dem 11. September die Dualität westliche Welt versus Islamismus. Diese Verknüpfung macht den Nahostkonflikt immer wieder anfällig für regressive Erklärungsversuche auf beiden Seiten, wobei eben bei den Israelkritiker_innen die mangelnde Trennschärfe zur regressiven Israelkritik und zu antisemitischen Theorieverschnitten hinzukommt.

Exkurs: Die Rechte und Israel

Bernhard Schmid, Paris

Es war eine gelungene Provokation: Im Jahr 2008 hielt eine Initiative, die sich selbst den Namen „*Nationale Sozialisten für Israel*" – abgekürzt *NaSofI* – gab, kurzzeitig die rechtsextreme Szene ebenso in Atem wie die linken und antifaschistischen Beobachter_innen derselben. Die Idee kam aus der Ecke der sogenannten Autonomen Nationalisten. Also jener Aktivist_innen, die nie um eine Provokation verlegen sind, wenn es darum geht, politisch-ideologische Codes durcheinander zu wirbeln, die Auftretensformen von Linken und anderen Gegner_innen nachzuahmen oder auf sonstige Art und Weise möglichst große Verwirrung zu stiften. Aus anderen Teilen der militanten Rechten kamen heftige Anfeindungen und Gerüchte über „zionistische Unterwanderung" des eigenen Lagers, während auf der gegnerischen Seite Überlegungen darüber angestellt wurden, wie ernst die Sache zu nehmen sei oder ob es sich um ein Fake handele.

Die Provokation hielt nicht sehr lange vor. Eine Webseite der *NaSofI*, die beim Server *Blogspot* eröffnet worden war, wurde nur ein paar Wochen lang im Frühsommer und Sommer 2008 aktualisiert – danach erschienen alsbald keinerlei Beiträge mehr. Die Hauptsache an den *Nationalen Sozialisten für Israel* war offenkundig gewesen, dass es sie überhaupt zu geben schien und dass ihre Gründung auf verschiedenen Seiten zur Kenntnis genommen wurde – offenkundig mit dem Ziel, maximale Konfusion hervorzurufen.

Ihre Entstehung hatten die angeblichen oder tatsächlichen Nazis für Israel selbst wie folgt begründet:

„Wir sind jedoch im Jahre 2007 an einem Punkt angekommen, wo wir jeden Menschen wertschätzen und nicht mehr in höher- und minderwärtig klassifizieren. (…) Auch Israel hat ein Existenzrecht. Auch dieses Volk hat Kultur und Eigenarten die es zu schützen bedarf, auch das israelische Volk ist wertvoll. Deshalb stehen wir hinter dem Existenzrecht Israels, weil auch dem israelische Volk eine Identität und Souveränität innerhalb einer Nation als Grundrecht auf Selbstbestimmung zugestanden werden muss. Unsere Pflicht als Nationale Sozialisten besteht darin dieses hohe Gut zu verteidigen, nicht nur für unser deutsches Vaterland und den europäischen Kulturraum, sondern auch und gerade in Israel. Es gilt jedem Volk an seinem angestammten Lebensraum zu achten, denn schließlich sind wir alle Bestandteil einer großen Völkerfamilie. Nationaler Sozialismus bedeutet die Liebe zum eigenen Volk, und nicht der Hass auf andere Völker. Jedes Volk hat seine Tradition, sein Territorium und seinen Platz in der Geschichte – und dazu gehört auch Israel."

Diese Begründung entspricht in Reinform dem, was man in der Rechten – vor allem in jenen Teilen, die gerne einen intellektuellen Anschein erwecken möchten – seit den 70er Jahren als „Ethnopluralismus" bezeichnet. Letzterer basiert darauf, dass er proklamiert, keine Über- und Unterordnung von „Völkern", „Kulturen" oder „Rassen" zu betreiben, sondern alle gleichermaßen zu respektieren. Unter der Voraussetzung jedoch, dass jede von ihnen ihren angestammten Lebensraum ausfülle und auf diesen Raum verwiesen bleibe. Geringschätzung anderer Menschengruppen von „Natur" aus wird also offiziell abgelehnt, ihre getrennte Entwicklung – statt ihrer Vermischung – jedoch als eine vorgebliche absolute Notwendigkeit postuliert.

Den seit Jahrzehnten praktizierten (und in einigen Spielarten der extremen Rechten oft mit angeblichem „Antiimperialismus" kombinierten) Ethnopluralismus mit einem positiven Bezug auf den Staat Israel zu kombinieren, dies hatte im deutschen Kontext eine verwirrende Wirkung. Denn in der extremen Rechten im deutschen Sprachraum beherrschte ein negativer Bezug auf Israel lange Zeit viele politische Konzeptionen, wurde die Existenz Israels doch im Sinne des sogenannten sekundären Antisemitismus als beständige Erinnerung an Verbrechen des nationalsozialistischen Deutschland betrachtet und zwanghaft mit der Idee von „ständigen Ansprüchen auf Wiedergutmachung" in Verbindung gebracht. Ferner wurde das Judentum oft mit Attributen wie „wurzellos" und der Vorstellung, unfähig zur Nationenbildung zu sein, assoziiert.

Und doch gibt es ihn, nicht nur als pure Provokation und nicht erst seit gestern, den positiven Bezug von extremen Rechten auf Israel. In den erkennbar postnazistischen, an die Nazi-Tradition anknüpfenden Teilen der deutschen extremen Rechten ist dies zwar historisch mit bedeutenden Hemmnissen verbunden. Aber jene „demokratisch und pro-westlich geläuterten" ehemaligen Nazis oder ihre Verbündeten, die sich in den 50er Jahren der konservativen Hegemonie unterstellt und die Westbindung im Sinne Konrad Adenauers akzeptiert hatten, übernahmen an diesem Punkt schon früh eine andere Orientierung. In ihren Reihen wurde es schnell zum Essential erhoben, dass „Hitlers größter Fehler das mit den Juden" gewesen sei, dass man sich deswegen unbedingt gut mit dem Staat Israel stellen müsse, um wieder Akzeptanz als Nation auf der internationalen Bühne zu finden. In den Zeitungen des Pressekonzerns von Axel Cäsar Springer wurde diese Linie in der Nachkriegszeit über Jahrzehnte hinweg propagiert.

In anderen europäischen Ländern verlief der Bruch mitten durch die extreme Rechte im engeren Sinne – jene, die keine Hegemonie der bürgerlich-demokratischen Rechte akzeptierte und einige der liberalen Fundamente ablehnte – hindurch. Am schärfsten dürfte der Bruch, am klarsten der Paradigmenwechsel innerhalb eines Spektrums der antidemokratischen Rechten, vielleicht in Frankreich gewesen sein. Denn hier stießen zwei Dimensionen im Diskurs, in der ideologischen Wahrnehmung der extremen Rechten zusammen, wenn es um Israel als „jüdischen Staat" ging. Auf der einen Seite hatte die französische extreme Rechte seit dem 19. Jahrhundert eine sehr starke antisemitische Tradition, die ihre Wurzeln auf lange Zeit vor der Kollaboration mit der nazideutschen Besatzungsmacht zurückwirft – in ihrer Frühphase ist sie mit Namen wie Edouard Drumont (Autor des antisemitischen Beststellers „*La France juive*" in den 1880er Jahren), Maurice Barrès und später Charles Maurras verbunden. Jüdinnen und Juden wurden mit einem wurzellosen und auf Zerstörung der Nationen gerichteten Treiben, mit „Hochfinanz", marxistischer „Subversion" und einer vermeintlichen Kontrolle über die Presse assoziiert. Doch auf der anderen Seite gab es noch einen völlig anderen Diskurs über die Jüdinnen und Juden, der mit in das historische Erbe der extremen Rechten Frankreichs einfloss: Im französisch kolonisierten Nordafrika wurden die Jüdinnen und Juden durch Nationalist_innen und Rassist_innen nicht als verfemte Minderheit behandelt, sondern als privilegiert zu behandelnde Verbündete. Es galt dort, einzelne Gruppen aus der einheimischen Bevölkerung herauszulösen, wie nordafrikanische Jüdinnen und Juden oder in bestimmten Phasen Berber_innengruppen, um das Prinzip „Teile und herrsche“ durchzusetzen.

Im französisch unterjochten Algerien etwa wurden den dort lebenden Jüdinnen und Juden im Oktober 1870 durch das Crémieux-Dekret die vollen französischen Staatsbürgerrechte verliehen, die die in Algerien lebenden Christ_innen und europäischstämmigen Kolonist_innen bereits seit 1848 automatisch (auch wenn sie nicht aus Frankreich kamen, sondern aus Italien, Spanien oder Malta) besaßen. Der allergrößte Teil der muslimischen Bevölkerung aus Araber_innen und Berber_innen wurde dagegen nicht als Bürger_innen eingestuft, sondern rechtlich als „Eingeborene“ bezeichnet und faktisch als Untertanen behandelt. Das Apartheidsystem, das im „französischen Algerien“ bis zur Unabhängigkeit 1962 – mit einigen Veränderungen im Wechsel der politischen Perioden – herrschte, benutzte religiöse Kategorien zur Einstufung der Individuen: Deren Rechtsstatus wurde aus ihrer Eigenschaft als „Christ“, „Jude“ oder „Muslim“ abgeleitet. Die beiden ersten Gruppen wurden dabei von Staats wegen als Verbündete behandelt, und es wurde ihnen eingeimpft, sie lebten gemeinsam in einer Wagenburg, die durch die barbarischen übrigen 85 Prozent der Wohnbevölkerung belagert werde. Dieses historische Erbe wirkt bis heute tief in die extreme Rechte hinein nach, und viele ihrer heutigen Spitzenfunktionäre – wie beispielsweise Louis Aliot, der Vizepräsident des *Front National* (seit 2011) und Lebensgefährte von Parteichefin Marine Le Pen – haben einen kolonialfranzösisch-jüdischen Hintergrund aus der Kolonialära in Algerien.

Eine erste scharfe pro-israelische Wendung der extremen Rechten, die mit einem philosemitischen Zungenschlag einherging – die Jüdinnen und Juden wurden zwar als „etwas

Besonderes", als eine eigene „Ethnie", aber als prinzipiell positiv zu behandelnde Gruppe behandelt – erfolgte im Zuge der französischen Kolonialkriege in Nordafrika. Jean-Marie Le Pen, der als freiwillig dienender Offizier der Fremdenlegion an der Suezexpedition im Oktober 1956 (dem gemeinsamen Überfall Frankreichs, Großbritanniens und Israels auf das nasseristische Ägypten nach der Nationalisierung des Suezkanals) teilnahm, schwärmte damals von der Idee einer Verbrüderung mit den israelischen Truppen. Diese lagen fünfzehn Kilometer von seinem damaligen Standort entfernt, doch durften französische und israelische Truppen sich nicht vereinigen, weil das Veto der aufstrebenden „Supermächte" USA und UdSSR bei den Vereinten Nationen damals die alten Kolonialmächte – Franzosen und Briten – ausbremste und den Abbruch ihres Feldzugs erzwang. Später hat Jean-Marie Le Pen, der infolge einer Rauferei in einer Kneipe in den späten 50er Jahren ein Auge verlor und dreißig Jahre lang mit einer Augenbinde auftrat (bevor er sie durch ein Glasauge austauschte), sich deswegen gerne mit Moshe Dayan verglichen. Also dem israelischen „Helden des Sechs-Tage-Kriegs" von 1967, der ebenfalls eine Augenklappe trug.

1967 markiert in weiten Teilen der politischen Rechten des europäischen Kontinents, auch der historisch vom Antisemitismus geprägten oder beeinflussten, den stärksten Paradigmenwechsel zugunsten Israels. In Frankreich etwa wurde diese Position damals in der extremen Rechten hegemonial, und nur kleine altfaschistische Fanatikergruppen wie *L'Oeuvre française* von Pierre Sidos widersetzten sich diesem Trend noch. Letzterer hielt mindestens zwanzig Jahre lang vor, bis 1987. In jenem Jahr hatte Jean-Marie Le Pen, inzwischen erfolgreicher Parteichef an der Spitze des von ihm 1972 gegründeten (und zehn Jahre später erstmals bei Wahlen erfolgreichen) *Front National*, zunächst geglaubt, seinen Frieden mit „jüdischen Interessen" geschlossen zu haben. Am 13. Februar 1987 war er in New York, dank der Vermittlung des Vertreters der rechten israelischen *Herut-Partei* in den USA – des Vorläufers des Likud-Blocks – mit Namen Jacky Torcyner, mit einigen Vertretern des Jüdischen Weltkongresses zusammengetroffen. Diese hatten ihm signalisiert, dass sie Ähnlichkeiten zwischen ihm und dem israelischen Politiker

Ariel Sharon sähen: Sie erblickten in Jean-Marie Le Pen einen Militaristen, Nationalisten und „Araberfeind". Solcherart sich bestärkt fühlend, glaubte Jean-Marie Le Pen nunmehr, seine Ruhe vor Anfeindungen bezüglich seiner durchaus realen Hitler-Sympathien, seiner antisemitischen Denkstrukturen oder seiner Beziehungen in neonazistische Teile des rechten Spektrums gefunden zu haben. Offensichtlich im Glauben, „jüdische Interessen" steckten alle zusammen unter einer Decke, dachte er, eine Art Pakt geschlossen zu haben.

Umso überraschter schien er, als sein Auftritt im französischen Fernsehen vom 13. September 1987 einen handfesten Skandal auslöste. Jean-Marie Le Pen hatte darin die geschichtliche Wahrheit des Holocaust minutenlang offen angezweifelt („Wie, sechs Millionen Tote? Ja, muss ich denn daran glauben? Ich sage ihnen, es gibt geschichtliche Aspekte, über die die Historiker diskutieren ..."), um die Debatte dann mit der Bemerkung abzuschließen, es handele sich hier um einen mehr oder minder unbedeutenden „Nebenumstand in der Geschichte des Zweiten Weltkriegs". Diese Formulierung, „un point de détail" (Unterpunkt, Nebenumstand), wurde ihm in den folgenden Jahren immer wieder vorgehalten. Jean-Marie Le Pens außenpolitische Kontakte brachen zum Teil ab, pro-westliche Rechtskräfte wie die britischen Konservativen unter Margaret Thachter – zu deren Parteikongress er bereits eingeladen worden war, bevor aufgrund der „Detail-Affäre" postwendend die Ausladung erfolgte – begannen ihn zu isolieren. Eine für die Dauer des Präsidentschaftswahlkampfs im Frühjahr 1988 geplante demonstrative Reise nach Israel musste Jean-Marie Le Pen ebenfalls absagen. Er war dort zur unerwünschten Person erklärt worden. In dieser Phase begann der damalige Anführer des *Front National*, immer stärker mit den „Parias der internationalen Politik" zu liebäugeln. Er unterstützte in der im August 1990 ausbrechenden Kuwait- und Golf-Krise den irakischen Präsidenten Saddam Hussein, und einige Jahre später näherte er sich an die iranische Diktatur an. Bei der Fußball-Weltmeisterschaft im Juni/Juli 1998, welche in Frankreich ausgetragen wurde, saß Jean-Marie Le Pen etwa beim Spiel USA gegen Iran auf der Ehrentribüne der iranischen Seite im Stadion von Lyon.

Andere Spitzenleute von bei Wahlen erfolgreichen Rechtsparteien im westlichen Europa begannen Jean-Marie Le Pen jedoch gerade aufgrund solcher Kontakte zu meiden. Parteien wie die italienische *Lega Nord* oder der belgische *Vlaams Belang* prangerten es als unverantwortlich an, dass der alternde französische Neofaschist solcherart eingeschworenen „Feinden des Westens und des Abendlands" die Hand reiche. In ihren Augen handelte es sich um eine dramatische Verkennung des internationalen Hauptfeinds, welcher nur islamisch sein könne. In den Augen dieser Parteien musste der Staat Israel deswegen zumindest taktisch und in der derzeitigen historischen Phase als Verbündeter betrachtet werden. Vom Niederländer Geert Wilders, der in den Jahren um 2004 vom Rechtsliberalismus zur islamhassenden extremen Rechten wanderte und zum Anführer der *„Partei für die Freiheit"* (*PVV*) wurde, ganz zu schweigen: Ihm ist der positive Bezug auf Israel wohl wirklich ein ideologisches Herzensanliegen, wo es sich bei anderen Rechtsparteiführer_innen eher um geopolitische Strategie und Taktik handelt. Wilders besuchte den Staat Israel über 45 mal im Laufe seiner politischen Karriere und betrachtet das Land in seinem tiefsten Inneren als Vorposten der Zivilisation, gegen die es umringende und umzingelnde Barbarei.

Die taktische Positionierung von Parteien wie *Lega Nord* und *Vlaams Belang* konnte sich in den Jahren zwischen 2005 und 2010 in der extremen Rechten des westlichen Europa allmählich weitgehend durchsetzen – im Gegensatz zu vielen osteuropäischen Parteien wie *Jobbik* in Ungarn. Dort, wo kaum muslimische Einwanderer_innen leben, oder jedenfalls in viel geringerer Zahl als in Westeuropa, bleiben Jüdinnen und Juden und Roma oft die Hauptziele des rechten Hassdiskurses. Zumal die extreme Rechte im östlichen Europa, nach den wirtschaftlichen Transformationen und den damit einhergehenden, oft dramatischen sozialen Verwerfungen in den 1990er und 2000er Jahren, in wirtschaftspolitischer Hinsicht eher eine Ablehnung des Wirtschaftsliberalismus und des westlichen Einflusses bedient. Dagegen sind viele extreme Rechtskräfte in der Westhälfte Europas oft eher „pro-westlich" in der internationalen Orientierung, und häufig auch pro-wirtschaftsliberal eingestellt.

An letzterem Punkt unterscheiden sich allerdings die Strategien, da die rechtsextremen Parteien je nach Land und nach historischer Perioden auch von sozialer Demagogie und/oder von protektionistischen Forderungen geprägte wirtschaftspolitische Vorstellungen nach außen kehrten. Aktuell gilt dies in hohem Ausmaß etwa für den französischen *Front National*, während Parteien wie die niederländische *PVV* oder die skandinavischen rechten „Fortschrittsparteien" weitgehend ungebrochen zum Wirtschaftsliberalismus stehen.

Im Zuge der Bemühungen um eine gemeinsame Strategie der extremen Rechtsparteien in verschiedenen EU-Ländern konnte sich auch die taktisch motivierte Pro-Israel-Position zu einem gemeinsamen Nenner mehrerer verschiedener Rechtskräfte entwickeln.

Durch die Reise von Prominenten dieses politischen Lagers nach Israel vom 6. bis zum 8. Dezember 2010 wurde dies demonstrativ unterstrichen. Die jeweiligen Vorsitzenden der österreichischen *FPÖ* und der *„Pro Deutschland"*-Bewegung, Heinz-Christian Strache und Patrik Brinkman (er kehrte dieser Formation inzwischen den Rücken), sowie der Fraktionsvorsitzende des *Vlaams Belang* im belgischen Parlament, Filip De Winter, nahmen neben schwedischen und dänischen extremen Rechten an dieser Reise teil. Am zweiten Tag ihrer Reise besuchten die Herren eine Sitzung der Knesset. Begleitet wurden sie im israelischen Parlament dabei durch Ariel Shomer, den früheren Kabinettschef von Präsident Ezer Weizmann. Im Anschluss konnten sie Gespräche mit einzelnen Abgeordneten wie dem Rabbiner Nissim Zeev von der religiösen *Shass-Partei* führen. Die Politiker besuchten auch Siedler_innen im besetzten Westjordanland, und der Belgier Filip De Winter etwa auch eine Panzereinheit der israelischen Armee.

Dass deswegen antisemitische „Reflexe" keineswegs bei allen prominenten Teilnehmer_innen ausgetrieben waren, belegte unterdessen eine Episode rund um den *FPÖ*-Chef Strache. Er besuchte die Gedenkstätte für die sechs Millionen ermordeten europäischen Jüdinnen und Juden in der Nähe von Jerusalem, Jad Vashem. Dort, wo es für Männer üblich ist, ihr Haupt durch eine jüdische Kippa zu bedecken, ließ er sich mit einer völlig anderen Kopfbedeckung ablichten – einem österreichischen Burschenschafterkäppi. Jene, die dessen Bedeutung kennen, vor allem zu Hause in der Alpenrepublik, wussten natürlich um dessen Funktion als Sinnbild von deutschnational-großdeutschen, oft antisemitischen, mitunter bis in den offenen Neonazismus hineinreichenden Männerbünden. Auch wenn dies beim Fototermin vor Ort nicht allen Beobachter_innen klar gewesen sein dürfte: Umso stärker war der Aspekt, dass Strache, der in seiner Jugend noch an Neonazi-Wehrsportübungen in Kärntner Wäldern teilgenommen hatte, sich im Grunde über seine Umgebung und die Stätte, an der er sich befand, lustig machte.

Auch extreme Rechte in Deutschland spielten in jüngerer Zeit, in „seriöserer" Form als bei den am Anfang dieses Kapitels erwähnten Provokateur_innen der *NaSofI*, die philosemitische Karte. In der Nähe des Kölner Rathauses empfingen Funktionäre der Regionalpartei *Pro Köln* – diese bildet den harten Kern der bundesweit auftretenden *„Pro Deutschland*"-Bewegung, die anderswo als in der Domstadt sehr viel geringeren Erfolg hat – am 5. April 2011 zwei Funktionäre der israelischen Siedlerbewegung in *„Judäa-Samaria*", dem besetzten Westjordanland. Da die sozialdemokratische Stadtregierung es abgelehnt hatte, die beiden Israelis zusammen mit der rechtsextremen *Pro Köln*-Fraktion im Rathaus zu empfangen oder zum nahe gelegenen Platz *Alter Markt* – in dessen Nähe sich eine historische jüdische Ausgrabungsstelle befindet – zu führen, inszenierte die Lokalpartei einen Empfang für ihre Gäste unter freiem Himmel. Nachdem ein liberaler Journalist in einer Lokalzeitung ironisch geschrieben hatte, die extreme Rechte habe nun ihre „Musterjuden" gefunden, versuchte dieselbe, ihre „jüdischen Gäste" – und sich selbst gleich mit – als Opfer von Ausgrenzung und Hetze darzustellen und so nachgerade in die Haut des verfolgten Juden zu schlüpfen.
In einer Rede betonte der Siedlerfunktionär Hilel Weiss den gemeinsamen Kampf gegen die islamische Gefahr, in Israel wie in Europa.

Ähnlich wie *Pro Köln*, die in den späten 90er Jahren aus einer Abspaltung der Partei *Die Republikaner* hervorging, hat sich auch der französische *Front National* seit dem Führungswechsel im Januar 2011 – die Tochter Marine Le Pen übernahm den Vorsitz von ihrem Vater Jean-Marie – in seinen offiziellen Stellungnahmen stark an die Mainstreampositionen in der westeuropäischen extremen Rechten angenähert. Pro-iranische Sympathien etwa, wie sie unter dem alten Vorsitzenden vorkamen, gehören heute an der Parteispitze der Vergangenheit an. Marine Le Pen gewährte seit Anfang 2011 israelischen Medien wie *Haaretz* mehrere Interviews, versuchte im März desselben Jahres auch beim jüdischen Pariser Rundfunksender *Radio J* aufzutreten – dort wurde sie kurze Zeit vor der geplanten Sendung ausgeladen – und kündigte mehrfach eine Reise nach Israel an. Auch Vertreter der „alten" Position, wie der Nationalrevolutionär Christian Bouchet, befinden sich jedoch noch in der Partei, wenngleich nicht mehr auf den vordersten Plätzen.

Bernhard Schmid

Bernhard Schmid lebt seit fünfzehn Jahren in Paris. Jurist bei einer antirassistischen Organisation, nebenberuflich freier Journalist und Autor mehrerer Bücher, darunter *„Algerien—Frontstaat im globalen Krieg?"*, *„Das koloniale Algerien"* und *„Der Krieg und die Kritiker"* (*UNRAST*, Münster), *„Die arabische Revolution? Soziale Elemente und Jugendprotest in den nordafrikanischen Revolten"* sowie *„Distanzieren, leugnen, drohen – Die europäische extreme Rechte nach Oslo"* (*edition assemblage*, Münster).

Literaturliste

Hier sind einige Bücher und Broschüren zusammengestellt, die die linke Antisemitismusdebatte beeinflusst haben und noch erhältlich sind.

Ästhetik und Kommunikation e.V. und Institut für Kultur und Ästhetik: Deutsche, Linke, Juden. Bd. 14 (51), Ästhetik und Kommunikation, Ästhetik und Kommunikation Verlags-GmbH, 1983

Bergmann, Werner; Körte, Monika (Hrsg.): Antisemitismusforschung in den Wissenschaften. Berlin, Metropol, 2004

Bischof, Willi; Neidhardt, Iris (Hrsg.): Wir sind die Guten. Antisemitismus in der radikalen Linken. Münster, Unrast, 2000

Braukmann, Stephanie, Die „jüdische Frage" in der sozialistischen Frauenbewegung 1890 – 1914. Campus Forschung, Frankfurt am Main [u.a.]: Campus-Verlag, 2007

Brosch, Matthias; Elm, Michael; Geißler, Norman; Simbürger, Brigitta Elisa; Wrochem, Oliver von (Hrsg.): Exklusive Solidarität. Linker Antisemitismus in Deutschland, Vom Idealismus zur Antiglobalisierungsbewegung. Berlin, Metropol, 2007

Brumlik, Micha; Kiesel, Doron; Reisch, Linda (Hrsg.): Der Antisemitismus und die Linke. Frankfurt am Main, Haag + Herchen, 1991

Brunner, Markus; Lohl, Jan; Pohl, Rolf; Winter, Sebastian (Hrsg.): Volksgemeinschaft, Täterschaft und Antisemitismus, Beiträge zur psychoanalytischen Sozialpsychologie des Nationalsozialismus und seiner Nachwirkungen. Psychosozial-Verlag, Gießen, 2011

Deeg, Sophia; Dierkes, Hermann: Bedingungslos für Israel? Positionen und Aktionen jenseits deutscher Befindlichkeiten. 1. Auflage, Neuer ISP Verlag, 2010

Enderwitz, Ulrich: Antisemitismus und Volksstaat, Zur Pathologie kapitalistischer Krisenbewältigung. Freiburg, i. Br., Ca-Ira-Verlag, 1991

Gehrke, Wolfgang; Freyberg, Jutta von; Grünberg, Harri (Hrsg.): Die deutsche Linke, der Zionismus und der Nahost-Konflikt. Eine notwendige Debatte. Köln, Papyrossa, 2009

Gremliza, Hermann L. (Hrsg.): Hat Israel noch eine Chance? Palästina in der neuen Weltordnung. konkret Literatur Verlag, Hamburg, 2001

Hanloser, Gerhard (Hrsg.): „Sie warn die Antideutschesten der deutschen Linken“. Zu Geschichte, Kritik und Zukunft antideutscher Politik. Münster, Unrast, 2004

Haury, Thomas: Antisemitismus von links. Kommunistische Ideologie, Nationalismus und Antizionismus in der frühen DDR. 1. Auflage, Hamburg, Hamburger Edition, 2002

Hawel, Marcus; Blanke, Moritz (Hrsg.): Der Nahostkonflikt, Befindlichkeiten der deutschen Linken. Berlin, Dietz, 2010

Jacobs, Jack: Sozialisten und die „jüdische Frage“ nach Marx. 1. Auflage, Jüdische Studien, Mainz, Decaton Verlag, 1994

Keßler, Mario: Zionismus und internationale Arbeiterbewegung. 1897 bis 1933. Berlin, Akademie-Verlag,1994

Keßler, Mario: Die SED und die Juden – zwischen Repression und Toleranz. Politische Entwicklungen bis 1967. Berlin, Akademie-Verlag, 1995

Kloke, Martin W.: Israel und die deutsche Linke. Zur Geschichte eines schwierigen Verhältnisses. 2. Auflage, Schriftenreihe des Deutsch-Israelischen Arbeitskreises für Frieden im Nahen Osten, Frankfurt am Main, Haag + Herchen, 1994

Knothe, Holger: Eine andere Welt ist möglich – ohne Antisemitismus? Reflexive Sozialpsychologie, Bielefeld, transcript-Verlag, 2009

Kohn-Ley, Charlotte; Korotin, Ilse Erika (Hrsg.): Der feministische „Sündenfall“? Antisemitische Vorurteile in der Frauenbewegung. Wien: Picus, 1994

Meyerbeer Karl, Späth Pascal (Hrsg.) Topf & Söhne, Besetzung auf einem Täterort, Verlag Graswurzelrevolution, 2012

Poliakov, Léon: Vom Antizionismus zum Antisemitismus. Mit einem Vorwort von Detlef Claussen und einem Beitrag von Thomas Haury. Freiburg i. Br., Ca-Ira-Verlag, 1992

Redaktion Arbeiterkampf: Deutsche Linke zwischen Israel und Palästina. Hamburg, 1988

Reiter, Margit: Unter Antisemitismus-Verdacht. Die österreichische Linke und Israel nach der Shoah. Innsbruck, Wien, München, Studien-Verlag, 2001

Renger, Reinhard (Hrsg.): Die deutsche „Linke“ und der Staat Israel. Leipzig, Forum Verlag, 1994

Silberner, Edmund: Sozialisten zur Judenfrage. Ein Beitrag zur Geschichte des Sozialismus vom Anfang des 19. Jahrhunderts bis 1914. Berlin, Colloquium Verlag, 1962

Silberner, Edmund: Kommunisten zur Judenfrage. Zur Geschichte von Theorie und Praxis des Kommunismus. Opladen, Westdeutscher Verlag. 1983

Späti, Christina: Die schweizerische Linke und Israel. Israelbegeisterung, Antizionismus und Antisemitismus zwischen 1967 und 1991. 1. Auflage, Essen, Klartext-Verlag, 2005

Timm, Angelika: Hammer, Zirkel, Davidstern. Das gestörte Verhältnis der DDR zu Zionismus und Staat Israel. Bonn, Bouvier, 1997

Traverso, Enzo: Die Marxisten und die jüdische Frage, Geschichte einer Debatte (1843 – 1943). Jüdische Studien, Band 1, Mainz Decaton Verlag, 1995

Ullrich, Peter: Begrenzter Universalismus. Sozialismus, Kommunismus, Arbeiter(innen)bewegung und ihr schwieriges Verhältnis zu Judentum und Nahostkonflikt. Berlin, AphorismA-Verlag, 2007

Ullrich, Peter: Die Linke, Israel und Palästina. Nahostdiskurse in Großbritannien und Deutschland. Bd. 48, Rosa-Luxemburg-Stiftung, Berlin, Dietz, 2008

Ullrich, Peter: Linke, Nahostkonflikt, Antisemitismus. Wegweiser durch eine

Debatte. Eine kommentierte Bibliografie. Analysen, Berlin, Rosa-Luxemburg-Stiftung, 2012

Vogt, Ernst: Israel, Kritik von links. Dokumentation einer Entwicklung. Wuppertal, Hammer-Verlag, 1976

Zuckermann, Moshe: „Antisemit!". Ein Vorwurf als Herrschaftsinstrument. 2., unveränderte Auflage, Wien, Promedia-Verlagsgesellschaft, 2010

Zuckermann, Moshe: Zweierlei Israel, Auskünfte eines marxistischen Juden an Thomas Ebermann, Hermann L. Gremliza und Volker Weiß. Konkret Literatur Verlag, Hamburg, 2003

Frank Pfeiffer –
Forum deutschsprachiger
*Anarchist*innen (FdA)*

Kurze Welt-geschichte des Faschismus

Ursprünge und Erscheinungsformen faschistischer Bewegungen und Herrschaftssysteme

Reihe Antifaschistische Politik [RAP], Band 7

160 Seiten, 9,80 Euro
ISBN 978-3-942885-41-6

edition-assemblage.de

Das Buch soll auf breiter Faktenbasis die Kernkriterien faschistischer Bewegungen sowie die ihrer Etablierung dienlichen Rahmenbedingungen herausarbeiten. Neben den entsprechenden Diktaturen Italiens, Deutschlands und Spaniens werden verwandte Gruppen und Regime 13 weiterer Staaten von vier Kontinenten beleuchtet. Die Beschäftigung mit Aufkommen und Entwicklung der behandelten Gruppen erfolgt vor dem Hintergrund landesspezifischer historischer und gesellschaftlicher Zusammenhänge. So treten Besonderheiten einzelner Faschismus-Varianten ebenso zutage wie generelle Wesensmerkmale. Dieser Band eignet sich für antifaschistische Gruppen zum historischen Selbststudium, Multiplikator*innen mit Bedarf an Grundlagenmaterial zur Faschismusgeschichte, libertäre Antifaschist*innen und Leser*innen mit allgemeinem Interesse an einer für Nichtexpert*innen leicht verständlichen faschismusgeschichtlichen „Weltreise“.

Arbeitskreis „Stalin hat uns das Herz gebrochen“ der Naturfreundejugend Berlin

Stalin hat uns das Herz gebrochen

Antisemitismus in der DDR und die Verfolgung jüdischer Kommunist*innen

ca. 288 Seiten, ca. 16 Euro
ISBN 978-3-942885-33-1 973
Neuerscheinung ca. Mai 2013

edition-assemblage.de

Voller Hoffnung eine sozialistische Gesellschaft aufzubauen, remigrierten jüdische Kommunist*innen nach dem Zweiten Weltkrieg in die sowjetische Besatzungszone Deutschlands. Doch schon bald sollten ihre Träume auf eine bessere Gesellschaft ohne Angst, auch vor antisemitischer Politik, der Realität stalinistischer Verfolgung weichen. Die Welle antisemitisch gefärbter Verdächtigungen gegen angebliche Spitzel, „Kosmopoliten“ und „Diversanten“ erreichte in der DDR Anfang der 1950er Jahre ihren Höhepunkt.
Viele Jüdinnen und Juden, die sich selbst kaum als solche sahen, erlebten die Widersprüche der sich doch als antifaschistisch begreifenden Politik am eigenen Leib. Dabei war die Politik nie reiner Import der Sowjetunion. Sie wird in diesem Buch vielmehr aus einer mehrdimensionalen Perspektive begriffen, die theoretische und ideologische Konzepte nicht ohne ihre Entstehungsgeschichte, historische Ereignisse nicht ohne ihre subjektive Rezeption und Biografien nicht ohne ihre sozialen Kontexte betrachtet.

Alle hier vorgestellten Titel sind in Ihrer Buchhandlung erhältlich oder können direkt beim Verlag bestellt werden:
edition-assemblage.de, Postfach 27 46, D-48014 Münster